Rev. Silas Matos Pinto

Apocalipse sem complicação

Rev. Silas Matos Pinto

Apocalipse sem complicação

CREDO EDICIONES

Imprint

Cover image: www.ingimage.com

Publisher:
CREDO EDICIONES
ist ein Imprint der / is a trademark of
International Book Market Service Ltd., member of OmniScriptum Publishing Group
17 Meldrum Street, Beau Bassin 71504, Mauritius

Printed at: see last page
ISBN: 978-613-1-43672-7

Estudo do livro de Apocalipse

APOCALIPSE

SEM

COMPLICAÇÃO

Rev. Silas Matos Pinto

Índice

APOCALIPSE

1ª Sessão – Cap. 1 a 3

Damos início ao estudo do livro da Bíblia que mais causa curiosidade, espanto e medo. Ele tem sido alvo de muitos membros de igrejas que criam teorias absurdas. Também pastores despreparados pregam asneiras infundadas revelando que possuem um conhecimento muito pequeno desta parte do Livro Sagrado.

Na época em que esse livro foi escrito e enviado às Igrejas o povo de Deus estava sendo duramente perseguido pelo Império Romano. Além destes havia os judeus que procuravam matar todos os seguidores de Jesus Cristo, além de agentes de Satanás infiltrados nas Igrejas que induziam a cristandade ao erro. E ainda mais, a vida escandalosamente pecaminosa e pervertida vivida pelos homens da época induziam os crentes ao erro.

Para esse povo que vivia o sofrimento diário, seja por ver seus filhos serem jogados às feras nos ginásios como um espetáculo para as multidões ou serem queimados como tochas humanas pelo próprio imperador depois de serem imersos em material inflamado, amarrados em postes e incendiados nas ruas. Ou ainda nus espetados em estacas com pesos para que estas os atravessassem ao meio. Para este povo sofrido, para dar-lhes esperança e conforto é que Deus os envia o Livro de Apocalipse.

Apocalipse não é um livro de mistérios e muito menos induz ao ocultismo. É um livro especial que revelou aos crentes fiéis que estavam sendo mortos por causa de Jesus Cristo que como seu Senhor é vitorioso eles também venceriam tudo e no final seriam recebidos na glória. O tema do livro de Apocalipse é:

JESUS CRISTO E SUA IGREJA SÃO VENCEDORES.

SATANÁS E SEUS AGENTES SÃO DERROTADOS.

Muitos na tentativa de interpretar os "mistérios" do livro do Apocalipse têm tirado deles versões diversas. Falam de várias vindas de Cristo, de vários arrebatamentos da Igreja, de um trono flutuante de onde Jesus reinará com sua Igreja que está na terra (Jesus disse que seu reino não é deste mundo). Discutem um pré-milênio, milênio ou pós milênio, um tempo em que haverá o domínio do povo de Deus na terra reinando com Jesus após seu retorno depois da Igreja ser arrebatada. Pintam as bestas como monstros tenebrosos reais que aparecerão diante de todos e causarão pavor na cristandade. Essas e muitas outras teorias devem ser esclarecidas com o estudo do Apocalipse.

Apocalipse apresenta 7 (sete) sessões. Todas elas se iniciam na encarnação, morte e ascensão de Cristo e terminam no seu retorno glorioso quando a Igreja é arrebatada e a ira divina é derramada sobre o mundo ímpio. São sessões paralelas que contam a mesma história e tratam do mesmo período de tempo. Cada vez que são revelados os acontecimentos desta dispensação são acrescentados novos elementos e há um aprofundamento da mensagem, revelando algo ainda mais belo e glorioso para a Igreja e um sofrimento cada vez mais intenso para os ímpios.

Entenda que o Apocalipse apresentará 7 (sete) referências aos sofrimentos e tribulações sofridos pela Igreja; 7 (sete) referências ao único arrebatamento da Igreja; 7 (sete) referências ao único retorno glorioso de Jesus Cristo; Entendendo corretamente estas sessões você não mais imaginará que Cristo retornará 7 vezes e fará o arrebatamento da Igreja nesse mesmo número de vezes. Compreendendo esta divisão do Apocalipse em sete sessões evitaremos erros de interpretação.

Há outra divisão dessas sete sessões. O livro se subdivide em 2 (duas) partes. As 3 sessões primeiras revelam o sofrimento da igreja no âmbito terreno. As 4 sessões finais revelam algo mais profundo, mostrando que o que acontece aos crentes fiéis é causado por uma luta espiritual de Satanás e seus agentes contra Deus, luta esta que será vencida com apenas um sopro da boca do nosso Senhor (2 Ts 2.8). Não imaginemos, de modo nenhum, uma luta de poderes iguais entre o bem e o mal, pois este dualismo não existe. Tudo o que o mal faz é controlado por Deus e o mal estará sempre submisso à vontade de Deus. Essa mensagem foi de importância vital para os crentes que estavam penando nas mãos dos inimigos da Igreja.

A primeira sessão abrange os capítulos primeiro ao terceiro. Ela revela Cristo andando no meio da Sua Igreja. Cristo envia a mensagem à Sua Igreja de que todo o sofrimento dela é do Seu conhecimento. Tudo o que acontece na vida da Igreja está sob Seu controle. Aprofundemos mais no texto.

O verso 1º nos coloca no rumo certo: *"Revelação de Jesus Cristo"*. Este é um livro de revelações e não um livro de mistérios. São mensagens claras que foram dadas a João, o apóstolo, que estava preso na ilha de Patmos por manter-se fiel à fé no Senhor Jesus.

Os versos 4 a 8 trazem um resumo desta sessão. João revela que estas cartas são enviadas a 7 Igrejas da Ásia. O número 7 para os judeus era o número da perfeição. Foi no 7º dia que Deus descansou depois de criar o mundo. 7 simboliza algo completo e abrangente. Neste caso as sete Igrejas que receberam as cartas eram Igrejas reais de sua época, mas como o número é abrangente, estas Igrejas se referem a todas as Igrejas que nasceram durante essa dispensação. Quando digo dispensação me refiro ao tempo entre a subida de Jesus aos céus (sua ascensão) e seu retorno glorioso.

Sua saudação inclui *"Graça e paz"*. Graça é o tema central da Bíblia. É pela graça que somos salvos. Somos salvos porque Deus nos enviou seu Filho. Nossa salvação depende de Deus e não de nós. Usando Sua misericórdia Ele nos ofereceu a salvação no Seu Filho. Ele não cobrou nada de nós e ao mesmo tempo pagou o maior preço que alguém poderia ter pago: a vida do próprio Filho. Isso é *"Graça"*.

O resultado da recepção da graça é paz. É o que Paulo ensina em Romanos 5.1 – *"Justificados, mediante a fé, temos paz com Deus"*. A compreensão – *"Mediante a fé"* – de que Cristo deu a vida como um ato substituto no qual nós é que deveríamos ser mortos e que esse ato nos garante o perdão do Pai gera em nós a total e revigorante *"Paz"* com Deus. É essa paz que Deus quer que os leitores do Apocalipse recebam ao ler este livro.

É a Trindade quem oferece a paz. Primeiro *"Aquele que era, que é e que há de vir"* – Deus Pai; *"Os sete Espíritos"* – O Espírito Santo, que aparece aqui acompanhado do número "7" para revelar a sua ação total na aplicação da salvação nos corações para que recebam a paz; *"Da parte de Jesus Cristo, a Fiel Testemunha, o Primogênito e o Soberano dos reis da terra"* - Jesus. Aqui a Igreja recebe a paz completa da parte do Pai, do Filho e do Espírito Santo.

Quem está envolto em sofrimentos pode pensar que foi abandonado. Para que isso não acontecesse com a Igreja o texto revela que a Igreja é especial para Deus. Ele a ama e ela faz parte do seu projeto salvador. Quem lhes escreve é: *"Aquele que nos ama, que nos libertou dos nossos pecados e nos constituiu reinos e sacerdotes"*. A Igreja envolta em tribulações teve, da parte de Deus, a certeza de que não fora abandonada por Ele.

Para calar a boca de muitos que ensinam que Cristo voltará às ocultas o texto revela que o retorno de Jesus Cristo será glorioso e sob as vistas de todos: *"Eis que vem com as nuvens e todo olho o verá, até quantos o transpassaram"*. Jesus Cristo não se ocultará na sua volta. Todos testemunharão a Sua vinda gloriosa quando levará consigo a Sua Igreja.

A vinda de Jesus causará espanto e muitas reações nas pessoas. Os crentes se alegrarão, exultarão diante do seu Rei que vem para buscá-los. Os ímpios *"se lamentarão sobre ele"*. Não é que se converterão e se arrependerão dos seus pecados. Eles chorarão como Esaú, que depois de desprezar a bênção, implorou por ela e não a recebeu. Recebeu maldições. Com a volta triunfante de Jesus a porta da graça se fechará e não haverá mais possibilidade alguma de salvação.

Esse texto encerra revelando a soberania de Deus, afirmando: *"Eu sou o Alfa e o Ômega. Aquele que é, que era e que há de vir, o Todo Poderoso"*. Alfa é a primeira letra do alfabeto grego e Ômega é a última. Revela, portanto, que antes dEle nada existia. Depois só haverá ele. Ele é quem tem todo poder e ninguém, absolutamente ninguém pode resistir ao Seu poder. Foi Ele quem deu início a tudo e Ele colocará o ponto final.

Passado esse resumo da primeira sessão observamos que João abrange mais a sua visão. Ele dá algumas explicações do que está diante dele. Não é que algo novo acontece, apenas explica com mais clareza o que está acontecendo e o que está vendo.

João se identifica. Ele é João. Também está sofrendo perseguições por ser fiel a Cristo. Ele, assim como a Igreja, <u>já está reinando com Cristo</u> e não desistiu da fé, pelo contrário, continua perseverante como todos devem permanecer: *"Companheiro na tribulação, <u>no reino</u> e na perseverança"*.

João explica sua situação. Ele continua preso, mas seu espírito está liberto para ser transportado para uma dimensão espiritual na qual ele tem a visão que lemos. Ele recebe a ordem de escrever tudo o que vê e depois deve enviar às Igrejas, citando nominalmente as sete.

O que João vê? Ele vê *"Sete Candeeiros de ouro"*. Para começar revelando os "mistérios" de Apocalipse, *"Os sete candeeiros" são* apenas uma referência às sete Igrejas, o que é explicado no versículo 20. Jesus disse que Sua Igreja *"É a luz do mundo"*. Cabe aos candeeiros produzir luz no meio da escuridão, assim como cabe à Igreja levar a luz de Cristo ao mundo ímpio.

Ele vê *"Um semelhante ao filho do homem"*. Vê uma pessoa vestida com veste ricamente adornada, são vestes reais. É Jesus Cristo depois de receber o Seu Reino. João o vê *"No meio dos candeeiros"*. A mensagem enviada às Igrejas é que Jesus não está longe, pois Ele mesmo dissera que estaria com Sua Igreja *"Todos os dias, até a consumação dos séculos"*. Ele acompanha cada passo de Sua Igreja.

João ressalta que *"Ele tem na mão direita sete estrelas"*. No versículo 20 também explica que estas estrelas são os sete anjos das igrejas, ou seja, os sete pastores que pastoreiam as Igrejas. Jesus deixa claro que Ele tem controle sobre quem pastoreia a Sua Igreja. Ele tem o controle sobre a vida e o ensino que cada pastor traz às Igrejas.

Revela ainda que *"Da boca de Jesus sai uma espada afiada e o seu rosto brilha como o sol na sua força"*. Jesus é santo. Sua santidade é revelada no brilho resplandecente comparado ao sol no seu maior vigor. Mas ele deixa claro que Ele também traz a espada. Ele traz juízo aos ímpios e também aos crentes que sabem que não podem pecar e pecam. O juízo vem sobre os que sabem que tem de viver uma vida santificada, mas preferem pecar às ocultas como se não fossem observados por Ele. Não há como Cristo ver tais atos e não castigar.

Nesse momento João tem uma surpresa. Ele havia visto o *"Filho do homem"* de longe e não tinha atinado para sua pessoa. Mas agora ele percebe que esse Ser é Jesus. É o seu amigo íntimo com o qual andara por três anos. Ouviu Seus ensinos, caminhou com Ele e viu tantos milagres realizados por Ele. O viu dar a Sua vida pelos pecadores e se tornara o maior pregador do Seu Evangelho. E agora está frente a frente com o Mestre.

Ele não suporta a emoção e desmaia aos Seus pés. Fica como morto. Jesus então o pega carinhosamente pelo braço e o coloca de pé.

Aqui não diz, mas tenho certeza que lhe deu um terno abraço fraternal e lhe disse: *"Não temas; eu sou o primeiro e o último e aquele que vive; estive morto, mas eis que estou vivo pelos séculos dos séculos e tenho as chaves da morte e do inferno"*. Que consolo! Seu Senhor, o qual vira subir nas nuvens está diante dele e reina.

Abrindo um pouco mais o quadro, João se refere às Igrejas, uma a uma, revelando algo sobre cada uma delas. Elas trazem as características das igrejas de toda esta dispensação e revela o desejo de Deus sobre o modo como quer que a Igreja viva.

As igrejas estavam sofrendo vários tipos de perseguições. Os romanos os perseguiam. Eles eram o poder reinante e estavam dispostos a acabar com a vida de todos os crentes. Os matavam e se divertiam nesta tarefa. O falso ensino era outro tipo de perseguição. O Imperador se intitulava *"deus"* e seus súditos o adoravam. Faziam sacrifícios e afirmavam sua deidade. Os crentes não aceitavam isso e por isso eram perseguidos. Outra perseguição era o prazer pervertido oferecido nos templos pagãos e nas ruas das cidades. Lutar contra tais prazeres era uma luta diária dos crentes.

A primeira carta é para a Igreja de Éfeso. Jesus se identifica como *"Aquele que conserva na mão direita as sete estrelas e anda no meio dos candeeiros de ouro"*. Já vimos que candeeiros são Igrejas e estrelas são os pastores. Jesus começa revelando seu controle sobre a Igreja e o conhecimento diário que ele tem do que acontece na vida deles.

A Igreja de Éfeso simboliza as Igrejas fiéis, porém frias. Ela era uma Igreja atuante e trabalhadeira. Tinha muitas atividades e não aceitava doutrinas falsas, mas perdera o primeiro amor. Faziam tudo, mas não de coração, apenas como uma obrigação ou costume, por isso Jesus lhes diz: *"Tenho, porém, contra ti que abandonaste o teu primeiro amor"*. Jesus revela que o caminho para as Igrejas que se identificam com a Igreja de Éfeso é *"Lembrar-se de onde caíram, arrependerem-se e voltar ao primeiro amor"*. Jesus avisa que caso não haja esse retorno ao primeiro amor a igreja pode ser fechada: *"Se não, venho a ti e moverei do seu lugar o teu candeeiro, caso não te arrependas"*.

A segunda carta é para a Igreja em Esmirna. A esta Igreja Jesus se identifica como o Senhor sobre a morte: *"O primeiro e o último, que esteve morto e tornou a viver"*. A razão para esta identificação é que esta igreja era fiel, porém, sofredora. Jesus diz: *"Conheço a tua tribulação, a tua pobreza e a blasfêmia dos que a si mesmos se declaram judeus e não são, sendo, antes, sinagoga de Satanás"*.

A perseguição a esta Igreja estava sendo uma grande provação. Era uma tribulação real. A pobreza era decorrente desta perseguição. Os negócios eram realizados nos mercados onde havia sacrifícios ao Imperador e depois havia as cerimônias onde prostitutos cultuais promoviam a perversão pública. Como um crente poderia comercializar suas mercadorias neste ambiente? Se estivesse lá e não participasse sofreria danos e podia ser morto. O resultado da não participação nesses locais era a pobreza, pois lá era o local de comercializar suas mercadorias.

O sofrimento já era muito e Jesus avisou que ainda seria maior, pois *"o diabo estava para lançar mais crentes na prisão e seriam postos à prova"*. O diabo queria destruir a Igreja, mas, sem querer suas perseguições contribuíam para o crescimento espiritual dos crentes. Era o efeito que Satanás não desejava.

Jesus termina sua carta à essa Igreja dizendo que o vencedor não sofrerá nenhum dano na 2ª morte. A primeira morte, a morte física, muitos deles já tinham experimentado ou visto muitos dos seus irmãos serem mortos. A 2ª morte é o lançar os ímpios no inferno. Essa morte os fiéis não sofrerão o seu dano, pois serão levados com o Rei para o seu reino eterno.

A 3ª carta foi endereçada à Igreja de Pérgamo. Essa igreja identifica tantas outras que são fiéis em muitas áreas, mas são permissivas e não tratam os pecados dos seus membros. Para esta Igreja Jesus se identifica como: *"Aquele que tem a espada afiada de dois gumes"*. Jesus lhes revela que ele vê e está pronto para disciplinar os crentes infiéis que vivem misturados à sujeira do mundo.

Pérgamo era uma cidade capital. Era o lugar onde o Imperador morava ou sempre visitava: *"Conheço o lugar em que habitas, onde está o trono de Satanás"*. A tentação de participar das comidas oferecidas em sacrifício ao Imperador era uma tentação constante. Quem se opunha, sofria. Antipas, um crente fiel, fora martirizado por ter sido fiel a Cristo.

Em Pérgamo havia dois tipos de perseguições internas e que a Igreja não estava tratando. Eram dois ensinos perigosos que tinham de ser extirpados da vida da Igreja, mas conviviam com eles naturalmente. O ensino de Balaão: *"Armar ciladas para que os crentes comessem das coisas sacrificadas aos ídolos e praticassem a prostituição"*. Ensinava que não faria mal algum se participassem com eles: É só carne! Também ensinava que não tinha problema presenciar a prostituição publica que acontecia nas cerimônias e até mesmo participar dela apenas para não serem diferente. Assim evitariam a perseguição.

O ensino dos Nicolaítas: Nicolau, segundo a tradição, foi um dos primeiros diáconos eleitos. Pode ser e pode não ser. Nicolau ensinava que a pessoa pode fazer qualquer coisa para alcançar seus objetivos, no seu caso, até mesmo oferecer sua esposa para outros homens para ganhar seu apoio. Para ele não havia problema algum se crentes participassem dos pecados para garantir o seu ganho financeiro, status e seu sucesso profissional. Para ele Deus não se importava com isso, *"afinal, todos têm seus projetos e desejam alcançá-los"*.

Contra esta Igreja é dito que se ela não tomasse uma posição imediata disciplinando e expulsando esses e seus seguidores da Igreja

Jesus viria com Sua espada contra eles. É um aviso de juízo, mas, também, um chamado ao arrependimento.

Para os crentes fiéis e perseguidos Jesus prometeu o *"Maná escondido"*. É a compensação para os que se abstiveram das comidas sacrificadas aos ídolos e da vida pecaminosa da cidade pervertida. Também receberiam uma pedrinha branca com um nome que só o crente e Deus saberiam. A pedra é branca como símbolo de santidade. O nome oculto é símbolo de intimidade. É como os apelidos íntimos com os quais casais ou amigos íntimos se tratam. Deus promete ser íntimo de quem Lhe é fiel.

A 4ª carta foi endereçada à Igreja de Tiatira. Esta igreja simboliza todas as Igrejas que possuem um trabalho intenso, mas que seus membros não cuidam da vida pessoal. Mantém uma vida aparentemente fiel na Igreja e uma vida cheia de pecados e permissividades fora dela. Jesus se identifica revelando juízo contra ela: *"Tem os olhos como chama de fogo e os pés semelhantes ao bronze polido"*. Uma amiga minha diria: *"Pensa num homem que tá com raiva!"* Seus olhos estão vermelhos como fogo ao ver tanta permissividade dentro da Igreja. Seus pés estão prontos para esmagar os impenitentes.

Havia nessa Igreja muitos fiéis que manifestavam amor, fé e prestavam muitos serviços e ainda eram perseverantes. Mas essa Igreja tolerava os ensinos de uma mulher que se intitula profetiza: Jezabel. Pode até mesmo ser uma referência à Jezabel do passado, mas parece ser alguém real que vivia e tinha seus filhos e seguidores dentro da Igreja. Ela seduzia os crentes a praticar a prostituição e a comer coisas sacrificadas aos ídolos. É como pessoas que justificam seus pecados sexuais na impossibilidade financeira de se casar ou que precisam experimentar a vida sexual para não se arrepender depois do casamento. Jezabel ensinava que as pessoas tinham de ter experiências profundas nas coisas pecaminosas.

Seu ensino causou a ira divina, tanto que Jesus diz que, como lhe deu oportunidades de se arrepender e não se arrependeu, Ele a prostraria de cama, lhe traria tribulações e mataria seus filhos. Esse sofrimento seria retribuição justa na medida dos males que ela causou à igreja incitando-a ao pecado.

Aos fiéis, que não experimentaram o que lhes foi ensinado por esta mulher, Jesus lhes diz que lhes daria autoridade sobre as nações e lhes daria o bem mais precioso para o crente – *"Dar-lhe-ei ainda a estrela da manha"*. Jesus é a Estrela da Manhã (Ap 22.16). Ela reina solitária no céu assim com Jesus é o único que reina no universo. Jesus oferece a Sua intimidade como prêmio aos fiéis. Essa mesma promessa foi feita por Deus aos levitas, que não receberam herança na terra, mas Deus lhe disse: *"Eu serei a vossa herança"*.

A 5ª Igreja é a Igreja de Sardes. Esta é uma referência às igrejas cemitério. Jesus se identifica assim: *"Aquele que tem os sete Espíritos de Deus e as sete estrelas"*. Somente o Espírito Santo poderia devolver a vida a esta Igreja. Os pastores (estrelas) que estavam nas mãos de Jesus, falharam e receberão o devido castigo. Jesus lhes diz: *"Conheço as tuas obras, que tens nome de que vives e estás morto"*. A situação estava tão feita nesta Igreja que Deus lhes manda: *"consolida o resto que está para morrer, porque não tenho achado íntegras as tuas obras na presença do meu Deus"*. Jesus manda dar o golpe final e acabar logo com a vida dessa igreja suja.

Sardes não era uma igreja perseguida, mesmo porque ela não brilhava mais. Deixou de incomodar o mundo ímpio, pois se tornou parte dele. Ela tinha paz, porém era paz de cemitério. Paz de quem já morreu e de quem ninguém se lembra mais. Não incomodava. Jesus os avisa que viria contra ela como um ladrão. Acabaria com ela de surpresa.

Mesmo na maior sujeira Deus sempre reserva uma chamazinha ardendo. No meio, mas muito escondido, havia uns poucos fiéis. Estes não se contaminaram e permaneceram fiéis, mesmo que às ocultas. Mesmo assim Deus lhes promete Sua companhia, santidade da parte do Espírito Santo (vestes brancas) e mesmo que não tenham sido assim tão atuantes *"Não apagaria seus nomes do Livro da Vida"* e ainda os apresentaria como fiéis diante do Pai, no dia do Juízo Final.

A 6ª é a Igreja de Filadélfia. *"Filos"* em grego quer dizer amigo. *"Adelfós"* significa irmão. Sendo assim Filadélfia se refere a um amigo que tem amor de irmão. A cidade de Filadélfia foi criada com o propósito de propagar a língua grega. Por isso a Igreja nascida ali tinha instinto missionário por natureza. Para esta Igreja Jesus se identifica como: *"Aquele que tem a chave de Davi, que abre e ninguém fechará, e que fecha e ninguém abrirá"*. É Ele que manterá esta porta de evangelização aberta para o mundo. Essa era uma igreja fiel e missionária.

Não é de se espantar que nela houvesse crentes falsos. Eram os inimigos infiltrados que tinham o objetivo de atrapalhar o trabalho dela. O cristão é *"Templo do Espírito Santo"*, mas havia no meio deles os falsos crentes que são denominados por Cristo como *"Sinagogas de Satanás"*. A esses, Jesus promete prostrá-los a seus pés e fazê-los compreender que Cristo amou a Sua Igreja.

Como toda Igreja fiel a Igreja de Filadélfia estava envolta em tribulações e estas tribulações eram do conhecimento de Jesus, porém elas eram vistas por Cristo como provações para a Igreja. Provações visam o crescimento espiritual e não a derrota ou destruição da Igreja. É um meio de Deus purificar os salvos e retirar do meio da Igreja os falsos, que dizem que são crentes e não são.

Essa Igreja fiel recebe o Selo de Deus. Veremos a seguir a importância desse selo, pois os selados estão guardados dos efeitos destruidores dos toques das trombetas que trarão sofrimentos aos ímpios e também protegidos de males trazidos por Satanás que afetarão a muitos, menos aos crentes que recebem o selo de Deus. Outro aspecto importante é que <u>o selo é colocado por Deus</u> e <u>não pelos homens</u>, ressaltando o aspecto da salvação pela graça. A Salvação não depende da vontade humana, mas da vontade de Deus (Rm 9.16).

A última Igreja é a Igreja de Laodicéia. Essa igreja simboliza todas as igrejas e crentes arrogantes e autossuficientes. Jesus se apresenta a ela como a *"Testemunha fiel e verdadeira"*. Revela com isto que Ele conhece a mente e o coração da Igreja e sabe das intenções más do seu coração e da sua inclinação para as experiências das coisas do mundo.

A situação desta igreja é de mornidão: *"Porque és morno e nem és quente nem frio, estou a ponto de vomitar-te da minha boca"*. Essa é a situação da pessoa que fica *"em cima do muro"*. Não é incrédulo porque diz que é crente. Não é crente porque participa dos prazeres do mundo. Quer ser salvo, mas se alimenta com prazer da mesa do Diabo. Essa é uma pessoa dividida entre o céu e o inferno.

O pior, nesse caso, é que essa Igreja, mesmo nesta situação, mantinha-se arrogante e presunçosa: *"Estou rico e abastado e não preciso de coisa alguma e nem sabes que tu és infeliz, sim, miserável, pobre, cego e nu"*. É como muitos que agem como se não precisassem de Deus e dos irmãos. Jesus os avisa que eles é que são os necessitados e, por isso, os aconselha a adquirir *"ouro refinado"* referindo a Salvação que vem de Deus e não dos homes; *"Vestes brancas",* ou seja, santidade que vem de Deus e não de boas obras; *"colírio"*, ou seja, a iluminação do Espírito Santo para fazê-los ver com clareza a misericórdia divina e retirar dos olhos a névoa do falso ensino.

Essa Igreja será disciplinada por Cristo, mas será para o seu bem, pois *"Eu repreendo e disciplino a quantos amo. Sê pois zeloso e arrepende-te"*. O objetivo da disciplina é o arrependimento daquele a quem Deus quer salvar. É para que seja purificado e liberto do pecado.

Vimos Jesus Cristo chamando sua Igreja para um contato permanente com Ele: *"Eis que estou à porta e bato; se alguém ouvir a minha voz e abrir a porta, entrarei em sua casa, e cearei com ele, e ele, comigo".* Jesus propõe um relacionamento íntimo da Igreja Consigo durante toda essa dispensação. Ele quer que Sua Igreja, como verdadeiros candeeiros, brilhe e traga ao mundo a Sua luz. Estando unida a Cristo a Igreja será um verdadeiro farol.

Encerrando essa sessão de modo glorioso Jesus garante arrebatar Sua Igreja e fazê-la assentar-se com Ele no trono. Ele mostrou-se como vencedor que garante a vitória eterna e ao mesmo tempo promove a vitória daqueles que Lhe são fiéis.

Essa sessão começa com uma igreja que vive a vida diária e é observada diariamente por Cristo. Ele deseja a sua fidelidade e pune a infidelidade, mas garante a vitória e galardões de valor inestimável a quem Lhe for fiel. Quem ouvir a Sua voz e obedecer vencerá.

APOCALIPSE

2ª Sessão – Cap. 4 a 7

Vamos recapitular: No 1º estudo mostramos que Apocalipse não foi escrito para trazer medo ou assustar ninguém, pelo contrário, foi escrito para trazer alegria e a certeza da vitória, tanto é que seu tema é:

JESUS CRISTO É VENCEDOR COM SUA IGREJA.

SATANÁS E SEUS AGENTES SERÃO DERROTADOS.

Apocalipse apresenta 7 (sete) sessões. Todas elas se iniciam no ministério terreno de Jesus, Sua morte e ascensão e terminam no seu retorno glorioso, quando trará juízo aos ímpios e receberá Sua Igreja na glória. São sessões paralelas e quando chega à 2ª vinda de Cristo, ao Juízo final e ao arrebatamento da Igreja o relato retorna ao seu início. Só haverá um retorno de Cristo e um arrebatamento da Igreja, pois o que parecem ser várias vindas e vários arrebatamentos nada mais é do que a repetição do mesmo acontecimento, porém sendo revelados com elementos novos e uma visão diferente do mesmo acontecimento que já havia sido revelado.

Estas sete sessões se subdividem em 2 (duas). As três (três) primeiras sessões revelam uma Igreja real, sofredora e fiel que é perseguida na terra, mas não se deixa vencer pelo mal, pelo contrário, é em meio às tribulações que ela se une ainda mais ao seu Senhor. As 4 (quatro) sessões finais tratam das razões espirituais que explicam o porquê da Igreja terrena ser alvo de tanto ódio. É o mundo espiritual que influencia a atitude dos homens. É Satanás que luta contra Cristo e seus fiéis tentando impedir o crescimento da Igreja e a salvação dos pecadores. Essa batalha espiritual é descrita nas quatro sessões finais.

Como vimos, a primeira sessão, que vai do capítulo primeiro ao terceiro, revela Cristo andando no meio da Sua Igreja. Ele aparece vestido de modo glorioso. Caminha entre as Suas Igrejas, que aqui são representadas por castiçais, ou seja, por lâmpadas que devem brilhar.

Ele tem nas mãos os pastores das Igrejas, simbolizados no texto por sete estrelas. Ele tem uma espada afiada nas mãos revelando que ele traz o juízo aos ímpios e disciplina aos seus filhos. Essas igrejas representam todas as Igrejas.

O "Sete" no Apocalipse representa o número perfeito. Refere-se às coisas de Deus, pois foi no "sétimo" dia que Deus descansou de todas as suas obras. Sendo, assim as sete Igrejas representam as Igrejas de toda a era cristã, que às vezes brilham mais, outras vezes brilham menos e até se apagam. Cristo está no meio delas e "Conhece" tudo o que acontece. Esta primeira sessão termina com a leitura da última carta com um convite de Jesus: *"Eis que estou à porta e bato. Se alguém abrir a porta eu entrarei e cearei com ele e ele comigo".* E afirmando que aqueles que reinarem com Ele na terra (Ap 20.4) enquanto vivem e sofrem perseguições por causa do evangelho, também reinarão com Ele para todo o sempre nos céus (Ap 22.5).

A 2ª sessão, que abrange os capítulos 4 a 7, traz como tema **A IGREJA NO MEIO DA TRIBULAÇÃO**. O capítulo 4 inicia com uma visão de João que em espírito é levado a um ambiente celestial e vê um Trono. Esse trono é cercado de brilhos, cores, trovões e relâmpagos que refletem o caráter santo e justo do próprio Deus que se assenta nele. Sobre ele tem um arco-íris que revela a fidelidade de Deus à Sua aliança firmada com os homens.

Diante do trono há 24 anciãos. Representam os cabeças das 12 tribos de Israel e os 12 apóstolos, ou seja, aqueles que foram os pilares da Igreja do Senhor na terra e estiveram em Suas mãos, assim como aparecem na primeira sessão em que Jesus tem os sete pastores ou sete estrelas em suas mãos. Esses homens foram coroados com a coroa da vitória, como Paulo ensina. Estão vestidos de branco, revelando que foram santificados e purificados pelo sangue de Jesus.

Do trono saem relâmpagos e trovões e sete tochas de fogo que é a representação do Espírito Santo que traz juízo, pois ele sonda mentes e corações. Aparece como 7 (sete) Espíritos para revelar sua completa missão de regenerar, santificar e purificar o povo santo do Senhor espalhado por todos os cantos da terra.

Há também os quatro seres. Eles são os serafins que Isaías viu (Isaías 6.2,3) e que tinham seis asas. Eles estão a serviço de Deus para levar seus juízos sobre toda a terra. Eles são quatro. Quatro em Apocalipse simboliza os quatro cantos da terra. Quando esse número aparecer indicará que o acontecimento relatado abrange todos os povos da terra.

Diante do trono há um mar de vidro. Mar simboliza povos e nações. Esse mar límpido e puro simboliza a multidão de povos e nações que foram purificados pelo sangue do Cordeiro e por isso estão diante do Trono de Deus. Essa multidão representa a multidão dos redimidos, ou seja, é a Igreja do Senhor. Ela será representada no Apocalipse de várias formas, aqui pelo mar de vidro; no cap. 5.11 por uma multidão de milhões de milhões e milhares de milhares; no cap. 7.4 pelos 144.000 fiéis que são selados; no cap. 7.14-17 pela multidão dos redimidos que procedem dos quatro cantos da terra; No cap. 10 por João que recebe o *"livrinho"* (Evangelho) e é incumbido de pregá-lo ao mundo; No cap. 11.3-14 pelas duas testemunhas que perturbam a terra com a proclamação do evangelho e depois são arrebatadas aos céus; pela mulher grávida que terá o "Filho"; e pela Nova Jerusalém que desce gloriosa do céu para ser a habitação de Deus. Todas estas serão referências à Igreja neste livro.

Todos os seres que estão diante do trono se curvam diante de Deus, o adoram e proclamam sua santidade, majestade e glória. Todos são submissos a Ele.

No capítulo cinco João vê algo novo. Ele vê um livro. Esse livro nos arremete ao livro de Levíticos. A terra dada pelo Senhor não poderia ser vendida. Quando uma família tinha necessidades ela vendia sua terra (arrendava). Num livro eram escritos os termos da negociação. Tudo era feito diante de testemunhas e o livro era selado e entregue a uma autoridade. Caso a situação financeira da família melhorasse ela podia resgatar sua propriedade, pagando pelos anos restantes do arrendamento. Caso um parente pudesse ele podia resgatar a terra, como fez Boáz com as terras de sua sogra Noemi. A abertura desse livro era o resgate da dignidade.

Esse livro nas mãos de Deus é o Livro da Redenção. Nele está nossa dignidade. Nós empobrecemos em Adão e perdemos *"nossa terra"*. Desde então, tanto nós como a natureza que foi amaldiçoada pelo pecado de Adão gememos e esperamos pela nossa redenção. Queremos ter de volta a imagem e semelhança de Deus que perdermos e o relacionamento perfeito com Ele.

Um anjo clama em alta voz por alguém que seria digno de abrir o livro da nossa redenção. Ninguém foi capaz. Ninguém nos céus foi capaz, nenhum dos serafins, nem arcanjos e nenhum anjo pode abri-lo. Na terra ninguém pode nem ao menos olhar para o livro. Nenhum dos melhores homens e dos mais honrados na terra, e até mesmo aqueles que alguns consideram como santos e santas, nenhum deles pode abrir o livro, mostrando que nenhum deles pode fazer nada pelos homens. Em baixo da terra também ninguém pode fazer nada. Nem Satanás, nem os demônios, nem as potestades e principados, nenhum deles demonstrou nenhuma autoridade sobre nossa história. Eles não têm poder algum sobre a vida dos homens. Eles não puderam tocar no livro da nossa redenção.

Diante disto João começou a chorar muito. Ele sabia da importância daquele livro. Nesse momento um ancião, alguém que fora beneficiado pela salvação de Jesus Cristo, disse a João: *"Não chores*

João. O Leão da Tribo de Judá venceu para abrir o livro e os seus sete selos". João parou de chorar. Suas esperanças se renovaram.

João olha para o lado e não vê um Leão, mas um cordeiro com cicatrizes no pescoço, revelando que fora morto. Ele tem sete chifres, ou seja, tem todo poder e tem os sete Espíritos de Deus que tem sete olhos, ou seja, o Espírito Santo que vê tudo e conhece todos os segredos do universo e que procede do Pai e do Filho.

Quando o Cordeiro tomou o livro todos se curvaram. Os serafins (os quatro seres) trouxeram taças de ouro com as orações dos santos (crentes redimidos) e cantaram louvores ao Cordeiro. Afirmaram sua dignidade por ter sido morto e comprado para Deus os povos dos quatro cantos da terra e os constituído reino e sacerdotes para Deus e dado a eles reinar consigo sobre a terra.

Eles prestam ao Cordeiro sete honrarias. Dizem que ele é digno de receber: o poder, riqueza, sabedoria, força, honra, glória e louvor. Perceba que se trata de sete, o que significa que todas as glórias possíveis pertencem ao cordeiro. Tudo o que temos e somos devemos a Ele, que morreu por nós. A nós só nos resta louvá-lo.

Os selos do livro revelam a história da Igreja. São os acontecimentos relevantes na nossa história. Não são fatos isolados, mas acontecimentos que abrangem toda esta dispensação, ou seja, da ascensão de Cristo e seu retorno glorioso.

1º Selo - O Cordeiro, que é Cristo, abre o primeiro selo e o selo diz respeito a si mesmo. O acontecimento mais importante da história da Igreja é o encontro com Cristo. Sua vida dada pela vida da Igreja é o centro da nossa história. O selo o apresenta como o cavalo branco. O branco simboliza santidade e pureza. O arco simboliza Sua fidelidade à Sua aliança que nos assegura salvação. Ele recebe uma coroa e sai vencendo e para vencer. Esse é Cristo. Cristo se apresenta à Sua Igreja que está em meio às tribulações para revelar seu cuidado e a certeza da vitória, visto que ele não saiu apenas para lutar, mas com a certeza da vitória – *"Saiu vencendo e para vencer"*.

2º Selo – O segundo selo revela um cavalo vermelho. Vermelho lembra alguém com raiva e é isso que simboliza. Quando Cristo e Sua Igreja caminham em santidade e com sua luz brilhando intensamente Satanás, seus agentes e o mundo pervertido se incomodam, se irritam e querem o mal da Igreja e de Cristo. 2 Timóteo 3.12 diz que *"Todos os que querem ser fiéis a Cristo serão perseguidos"*. Satanás é o cavalo vermelho que fará muito mal à Igreja. Seu objetivo é Tirar a paz da terra e fazer com que os homens se matem uns aos outros. Sua intenção é colocar os crentes uns contra os outros de maneira que a comunhão da Igreja seja prejudicada e ela perca a paz. Ele recebe do Cordeiro uma espada como a faça usada pelos sacerdotes para sacrificar os cordeiros dos sacrifícios. Ele saiu para matar os féis e fazê-los sofrer para que abandonem o Senhor. Essa perseguição aconteceu no inicio da Igreja e perdurará até a volta de Cristo e arrebatamento da Igreja.

3° selo – O terceiro selo revela o cavalo preto. Ele traz uma balança. Na fartura ninguém se lembra de medir e dividir alimentos, mas na escassez tudo é pesado e dividido. Seu objetivo é fazer os crentes passarem necessidades básicas para seu sustento. Interessante é o fato de ele receber a ordem de não danificar o azeite e o vinho. Esses são artigos caros. Azeite e vinhos são para ricos e abastados. O cavalo preto recebeu ordem de fazer apenas os crentes passarem necessidade enquanto os ímpios, simbolizados pelo azeite e vinho, terão fartura.

O 4º selo revela um cavalo amarelo. Ele é chamado Morte. Ele faz mal à quarta parte da terra. O 4 simboliza todos os povos. Esse cavalo traz a morte pela espada, fome, mortandade e pelas feras da terra. Esses são os sofrimentos que a Igreja penará junto com o mundo. Esse cavalo incitará a guerra e quando ela vier os crentes sofrerão, só que agora junto com os ímpios. A guerra provoca escassez de alimento (fome), traz pestes que matam a muitos e faz com que os homens ajam como animais (feras) matando uns aos outros, saqueando e destruindo vidas. Esse mal é permitido pelo Cordeiro. Tudo está sob seu controle.

5º selo – A abertura do quinto selo revela um altar. Altar é o local onde animais eram sacrificados ao Senhor. Só que esse altar não revela sangue de animais, mas dos crentes fiéis que foram mortos por não negarem sua fé em Jesus Cristo. Seu sangue sob o altar revela que a morte deles foi recebida por Deus como um sacrifício oferecido a Ele. Porém o sangue dos crentes clama por Justiça. Assim como o sangue de Abel, morto por seu irmão Caim, clamava por justiça, esse sangue derramado também clama. Os justos mortos pelo cavalo vermelho e seus agentes, os cavalos preto e amarelo, recebem vestiduras brancas, ou seja, foram santificados e purificados. Mas estes ainda permanecerão mortos até que outros crentes sejam mortos também e completem o número que Deus determinou de crentes que ainda serão sacrificados. Isto revela que ainda virão muitos sofrimentos sobre a Igreja.

6° selo – Seis é número de homem. O homem foi criado no sexto dia. O número da besta é o número de homens – 666. É a infinita imperfeição. Aqui no sexto selo é revelado que Deus, por causa do clamor do sangue dos justos, trará seus juízos sobre os homens. Seis castigos virão: terremotos, escurecimento do sol, a lua fica como sangue, estrelas caem dos céus, o céu dá sinais e montes e ilhas afundam. Também seis classes de homens são castigados para mostrar que o juízo de Deus é sem acepção de pessoas: os reis, os grandes, os comandantes, os ricos, os poderosos e todo escravo e todo livre. Todas as classes de homens sofrerão o juízo de Deus, pois fizeram mal à Sua Igreja e não o honraram como Deus.

Antes da abertura do 7º selo há um acontecimento marcante. Os quatro anjos que trarão os juízos de Deus sobre os ímpios são impedidos por um tempo. Um anjo traz os selos e sela as frontes de todos aqueles que foram lavados pelo sangue do Cordeiro. São marcados na testa. São 144.000. Esse é um número simbólico de todos os homens que serão redimidos de toda a terra. Multiplique as pessoas dos 4 cantos que foram salvos pela Trindade – 3. 3x4=12. Multiplica-se pelos cabeças da Igreja – 12 = 144. Multiplica-se por 1.000, a totalidade dos salvos. Ou os 12 patriarcas multiplicado pelos 12 apóstolos, e todos os convertidos da terra = 1.000 e chegaremos ao número 144.000. É a totalidade dos redimidos durante toda esta dispensação. Quer dizer que é muita gente!

Abre-se uma nova sena e João vê uma multidão inumerável de pessoas provinda dos quatro cantos da terra. Estão de pé diante do cordeiro (são o mar de vidro e os 144.000). Vestem-se de branco, pois foram purificadas pelo sangue do Cordeiro e agora adoram ao Salvador. O ancião chama a atenção de João para a multidão com uma pergunta e revela que todos esses são o maior milagre de Deus – São pecadores regenerados, convertidos e santificados pelo Cordeiro de Deus.

Para que ninguém creia que os crentes não sofrerão as tribulações, pois vamos sofrê-las, observe que essa multidão veio da grande tribulação e em meio às tribulações eles santificaram-se ao Cordeiro e por isso o servem e estão diante do trono de Deus.

Esse é o momento de glorificação e arrebatamento da Igreja, pois o Senhor, o Cordeiro, se torna o Pastor da Sua Igreja e os apascenta e os guia às fontes da Água da Vida. Deus enxuga dos olhos da Sua igreja as suas lágrimas, ou seja, retira da Igreja qualquer motivo de choro. Agora é só alegria. A Igreja agora vai morar com seu Senhor na glória para todo o sempre.

Encerra-se essa seção, revelando que a Igreja vai sofrer durante toda esta dispensação, mas o seu fim será glorioso. Seu Senhor virá buscá-la. Trará juízo aos ímpios e galardões aos fiéis.

APOCALIPSE

3ª Sessão – Cap. 8 a 11

Voltamos novamente ao início. Cristo ascende aos céus e sua Igreja permanece na terra. Como vimos na sessão 2ª ela é perseguida e clama por justiça. Nesta sessão veremos que Deus avisa ao mundo sobre os seus juízos e através do toque de trombetas (calamidades) e da proclamação do evangelho. Ele avisa que o sofrimento da Igreja não ficará sem a devida punição.

O capítulo 8 dá início a uma nova sessão. Ela se inicia com um período de silêncio. Não é para que as orações sejam ouvidas, como alguns pensam, mas para que se dê a devida atenção à presença daquele que traz o juízo – Deus. É como quando o juiz entra na sala para julgar.

Sete anjos recebem sete trombetas. Elas são calamidades que Deus lançará sobre aqueles que perseguem a Sua Igreja. Deus os quer alertar sobre o Seu juízo. Não causam a morte de todos, mas os avisam.

Um anjo pega o incensário e o oferece com as orações dos crentes perseguidos. Sua fumaça sobe à presença de Deus. Ele pega o incensário e acrescenta fogo, ou seja, juízo e a ira de Deus e atira à terra e os anjos com as trombetas se preparam para tocá-las.

As quatro trombetas trazem calamidades. A primeira afeta o solo. Saraiva, ou seja, pedras que caem do céu, e fogo. Todas as vezes que fogo é associado a Deus tem o sentido de juízo. Mas essas pedras e o fogo são misturados a sangue revelando que será causa de grande sofrimentos para os perseguidores da Igreja. Os efeitos dessa trombeta são calamidades no solo durante toda esta dispensação. É Deus fazendo os ímpios sofrerem como retribuição ao mal feito à Igreja.

A segunda trombeta afeta os mares. Algo "Como" uma grande montanha em chamas é atirado ao mar. Não é uma montanha, mas *"como"* uma. Essa trombeta se identifica com todos os tufões, maremotos, tsunamis e acidentes marítimos que são avisos de Deus.

A terceira trombeta afeta as águas dos rios. São as enchentes e os rios secos. São as chuvas torrenciais que matam muitas pessoas e os deixam sem suas casas. Há pouco tempo o Rio de Janeiro sofreu os efeitos desta trombeta, mas poucos se lembraram de que esses são avisos do juízo de Deus.

A quarta trombeta faz os olhos dos homens se virarem para o céu. São estrelas explodindo, asteroides que ameaçam a vida na terra, explosões solares que interferem na terra. São sinais nos céus que lembram aos homens que se Deus explode uma estrela também pode explodir a terra. Isso lhes causa medo e temor e os faz pensar sobre a existência do juízo divino.

Nesse momento João vê algo novo. Uma águia faz um voo rasante e clama avisando que ainda virão mais três "ais". São as últimas três trombetas que serão tocadas e farão com que os ímpios sofram e tenham a oportunidade para se arrependerem.

Então toca-se a quinta trombeta. João vê aquele que nenhum crente gosta nem de falar o nome. É a estrela caída dos céus que tem a chave do abismo e traz fumaça para escurecer o brilho da Igreja e tentar cegar os olhos dos crentes. Seus agentes são como gafanhotos munidos de caldas como de escorpiões. Eles não podem matar, mas ferem. Eles recebem autoridade para ferir os homens, mas somente aqueles que não foram selados por Deus, ou seja, esses os agentes de Satanás não podem ferir os crentes ou fazer qualquer mal à Igreja.

Os gafanhotos são como cavalos preparados para a guerra e infernais como a figura mitológica da medusa. Eles têm cabelos de mulher e caldas como serpentes. Suas coroas são falsas, parecem de ouro, mas não são. Esses têm como seu rei o anjo do abismo, a estrela caída, Satanás.

Preste atenção nesse quadro que vai do capítulo 9.13 a 11.14 e é o mesmo quadro. A sexta trombeta é tocada. Lembra-te que 6 é número de homem. Ou é que o que será feito afetará aos homens ímpios ou que é algo realizado imperfeitamente pelos homens. Neste caso é o mal que recairá sobre o mundo ímpio. Quatro anjos maus são liberados para a destruição. Eles são submissos a Deus. Não podem fazer o que Deus não permitir. Só agirão na hora, dia, mês e ano determinados por Deus (9.15). Eles agem influenciando os homens para o mal, como o cavalo vermelho que recebe poder para colocar os homens uns contra os outros. Os flagelos: fogo, fumaça e enxofre é a ação maligna na mente e corações destes homens que os levam a fazer todo o tipo de maldade uns contra os outros. A guerra trazida por Satanás é um mal terrível, mas é um instrumento de advertência divina do Seu Juízo.

Mesmo em meio a tanto sofrimento o mundo ímpio não se arrependerá. Ele se recusa a ouvir os avisos de Deus e o evangelho pregado pela Igreja. Ainda continuam se curvando diante dos demônios e adorando a ídolos que os representam. Não abandonam suas feitiçarias, nem suas prostituições e continuam furtando uns aos outros. Essa é causa do maior juízo de Deus e o que justifica toda a dureza do Seu agir.

Ainda nesse quadro João vê um anjo enorme. É Cristo que coloca seus pés na terra e no mar para ser ouvido por todos. Sua voz libera vozes de trovões que trarão ainda outros males sobre o mundo ímpio. João quer escrever o que foi dito pelos trovões, mas é impedido. Jesus, então, diz que está perto do fim e que o Mistério de Deus, ou seja, a encarnação do Seu Filho, sua Morte e a Redenção dos pecadores está chegando ao fim. Mas antes do fim João recebe a ordem de pegar o livrinho que está nas mãos de Jesus, o Anjo. É o Evangelho que Jesus incumbiu Sua Igreja de transmiti-lo ao mundo: *"Ide ao mundo e pregai o Evangelho"*. João come o livrinho e em sua boca é doce como mel, mas amargo como fel quando chega ao seu estômago. Essa é a simbologia do Evangelho. Ele traz a mensagem de salvação e de graça. Ele é recebido com alegria e exultação pelo convertido, mas quando se inicia a vida cristã o novo crente começa experimentar as perseguições, lutas, provações e isso lhe parecerá amargo como fel.

Para confirmar a misericórdia divina, mesmo que o mundo ímpio não quer se arrepender, mesmo com o toque das trombetas, Cristo incumbe a João (á Igreja – visto que ele é Apostolo e a representa) da tarefa de profetizar ou evangelizar às muitas nações, povos, línguas e reis. Essa tarefa será confirmada a seguir quando João e a Igreja serão representados por duas testemunhas, ainda nesse mesmo quadro.

Mas antes de apresentar o trabalho evangelístico das duas testemunhas João recebe a ordem de medir o santuário e deixar de fora uma parte que será calcada pelos gentios. Isso revela que ímpios pisarão na Igreja do Senhor e farão muito mal a ela. Esse mal será confirmado a seguir. Durante essa dispensação, gentios trarão abominações para dentro das Igrejas. Falsos profetas enganarão a muitos. Isso confirma o que é dito em 2 Tessalonicenses 2.7-12, que trata do aparecimento do Iníquo, que vem trazendo sinais e milagres que enganarão a muitos, mas que o texto revela que ele é AGENTE DE DEUS. Deus o envia para enganar a todos os que não dão crédito à Verdade, mas preferiram crer em mentiras.

Esses gentios estarão dentro da Igreja como o joio no meio do trigo até o tempo da colheita. O tempo da sua atuação é toda esta dispensação, até a volta de Cristo. Serão 42 meses. Esse é o mesmo tempo da atuação evangelística das duas testemunhas que é de 1.260 dias. É o mesmo que "Um tempo, dois tempos e metade de um tempo". Esse tempo ressalta o que foi lembrado por Tiago, que Elias desafiou os profetas de Baal e proclamou a adoração ao Único Deus e por 3 anos e 6 meses, pela Palavra de Elias, não choveu. Esse foi o tempo da proclamação da adoração ao único Deus. Esse é o tempo simbólico da atuação da Igreja fiel. Todas essas descrições de tempo referem-se a 3 anos e 6 meses. Faça a conta.

Então João vê duas testemunhas que devem profetizar por 1.260 dias (3 anos e 6 meses – 42 meses – 1 tempo, dois tempos e metade de um tempo ou 1.000 anos) é o período desta dispensação onde as trombetas são tocadas para aviso dos ímpios e o evangelho é pregado para o arrependimento dos pecadores.

Essas duas testemunhas são comparadas, primeiro à oliveira, que é resistente. Segundo, elas são *"Candeeiros"*. É a igreja descrita na primeira sessão. É por quem o Senhor foi crucificado (11.8) e Cristo morreu somente por Sua Igreja. As duas testemunhas são a Igreja.

Elas têm poder. Se alguém intenta lhes fazer mal ela traz o juízo de Deus. É o poder dado por Jesus à Igreja em Marcos 16.17,18. É a Igreja que recebe poder para testemunhar a Salvação e o poder do Seu Senhor.

Vencido o prazo dado para a evangelização a besta que sobe do abismo (Satanás, a estrela caída, o dragão, o anjo do abismo) pelejará contra elas e as matará. Que terrível é esta visão. Os representantes de Deus mortos na praça. Será que a igreja fiel se deixará levar pelos prazeres da Grande Meretriz e se deixará enganar pelos enganos no Falso Profeta e cansará de ser perseguida pelos agentes do inimigo e se unirá a eles? Certo que sua atuação diminuirá tanto que parecerá que a Igreja morreu.

O mundo ímpio fica feliz com a morte da Igreja, como ficou com na era negra da história da Igreja – A Idade Média. Assim como quando as igrejas da Europa se fecharam e viraram boates, bares e supermercados. O mundo festeja porque essas testemunhas os atormentavam com a pregação do Evangelho, mas agora estão mortas. Ficam mortas por 3 dias e meio, ou seja, por pouco tempo.

Então Deus envia Seu Espírito vivificante, como pedido por Habacuque – *"Aviva a tua obra ó Senhor"* (Hc 3.2) e por todos os que esperam que a Igreja brilhe. Então os corpos das duas testemunhas ganham vida e são arrebatadas ao céu. É a Igreja que retomará o seu vigor e logo será arrebatada por Cristo. As duas testemunhas são chamadas para subir para onde Deus está assim como acontecerá com a Igreja do Senhor.

Esta é uma referência ao arrebatamento da Igreja. A Igreja é levada numa nuvem aos olhos de todos os ímpios que entrarão em desespero. Retirada a Igreja, os juízos finais de Deus recairão sobre o mundo ímpio. Um terrível terremoto matará milhares de pessoas e o mundo ímpio tremerá de medo e aterrorizados darão glórias a Deus, mas não será por terem se convertido. Será por medo do Seu Juízo Final.

Gloriosamente, toca-se a sétima trombeta. Lembra-te que 7 diz respeito a Deus, à perfeição e completitude. Essa trombeta é para o mundo o completo terror, pois a porta da graça e da misericórdia de Deus se fechará definitivamente e eles sabem disto. Agora vem o Juízo.

Para a Igreja é o momento mais glorioso. Cristo assume definitivamente o seu Reino celeste e eterno. Os inimigos estão todos definitivamente derrotados. A Igreja não tem mais motivos para chorar e sofrer. Glórias são dadas à Trindade bendita por Sua salvação. É chegada a hora de dar os galardões aos servos de Deus e de destruir os que fizeram mal à Igreja do Senhor.

Abre-se, então, o santuário de Deus, não apenas uma parta, mas ele todo. A presença divina é simbolizada pela presença da Arca da Aliança. Agora os crentes estão salvos e seguros na presença de Deus.

Mas aos ímpios sobrevêm relâmpagos, vozes, trovões, terremotos e grande saraiva. É a dor final, mas para eles é uma dor eterna, que nunca se acabará.

Os avisos foram dados. A Igreja cumpriu sua tarefa de avisá-los dos juízos de Deus. Evangelizou-os, mas não quiseram se arrepender. Eles merecem todo o mal que virá da parte do Senhor, pois recusaram todos os convites para que se arrependessem. Escolheram o castigo!

APOCALIPSE

4ª Sessão – Cap. 12 a 14

Iniciamos a quarta sessão. Ela abrange os capítulos 12 a 14 e trata da Mulher Grávida que é perseguida pelo Dragão e seus agentes. O Filho da mulher nasce e depois é arrebatado. A mulher é sustentada e protegida por Deus no deserto.

Como as anteriores, essa sessão abrange toda esta dispensação, indo da morte e ascensão de Cristo até o seu retorno glorioso, quando recebe para Si a Sua Igreja e traz juízo ao mundo ímpio.

Essa sessão inicia a segunda divisão. As 7 (sete) sessões do Apocalipse se subdividem em 2 (duas). Na primeira divisão estão as 3 (três) primeiras sessões (cap. 1 a 3: Cristo no meio da Igreja / cap. 4 a 7: Abertura dos sete selos / cap. 8 a 12: As sete trombetas). Elas revelam uma Igreja perseguida, sofredora, mas vitoriosa com Cristo.

Na segunda divisão estão as 4 (quatro) últimas sessões que revelam as razões da perseguição e dos sofrimentos da Igreja. Revela que há uma luta espiritual iniciada nos céus. Revela o porquê de o mundo odiar tanto a Igreja e desejar o seu mal. Como nas sessões anteriores e posteriores João inicia essa sessão (para revelar o reinício do assunto) com uma frase: *"Vi grande sinal no céu"*. Revela que o que será escrito a seguir é uma nova visão que ele teve. Uma que retrata o mesmo período (esta dispensação), porém com elementos novos.

O tema desta sessão é:

A PERSEVERANÇA DOS CRENTES QUE FORAM SELADOS POR DEUS.

Esta sessão apresenta outros personagens. Não são novos, pois todos já foram citados nos capítulos anteriores com nomes diferentes. Ele vê no céu "uma mulher". Ela está gloriosamente vestida e adornada. Ela está grávida e sentindo as dores do parto. Esta mulher é uma referência à "IGREJA". Ela é apresentada nesta sessão como os 144.000

selados por Deus e que cantam o Novo Cântico diante do trono de Deus (14.1-5); É quem recebe a tarefa de pregar o Evangelho (14.6,7); são aqueles que serão mortos por não adorar à imagem da besta (13. 8 e 15); são aqueles que perseverarão por terem seus nomes escritos no Livro da Vida do Cordeiro (13.9); É quem é representada pelos 12 Apóstolos, que são 12 estrelas ou anjos da Igreja (12.1).

Veja que esta "Mulher" (a Igreja) está no céu. Esta sessão observa as coisas da ótica celestial. Revela o que acontece no mundo espiritual e que se reflete na vida quotidiana da Igreja.

A Igreja é apresentada estando diante de Deus, no céu. Por isso é que ela está gloriosamente adornada. Ela não é vista por Deus como na 1ª sessão, cheia de falhas: *"Tenho contra ti"*, pois naquela sessão se via da ótica da vida terrena da Igreja e a igreja nesta dispensação tem de lutar para viver uma vida santificada. Nesta sessão ela é vista como já tendo sido purificada e santificada pelo Sangue do Cordeiro. Ela é vista como já tendo sido purificada. Já fora apresentada por Cristo *"Que é poderoso para nos guardar de tropeços e para nos apresentar com exultação, imaculados diante da Sua glória"* (Judas v. 24). É assim que Deus vê Sua Igreja, mesmo que ainda estejamos vivendo neste mundo e lutando contra o pecado.

Esta "Mulher", a Igreja, está grávida e sofre os tormentos do parto. Sua dor diz respeito às perseguições e provações que sofreu para *"gerar a Cristo"*. Ela foi quem esperou pelo Messias desde o início da história da humanidade, pois o Redentor foi prometido a Adão e Eva (Gn 3.15). Desde então a *"Mulher"* espera pelo nascimento do *"Filho"*. Os profetas anunciaram o nascimento do *"Filho"* e Ele foi o centro da esperança do povo de Deus no Antigo e no Novo Testamentos. A Igreja ficou grávida do *"Filho"* durante toda a sua história e sofreu muito por causa da sua esperança.

Uma nova personagem é introduzida no v. 3. É outro sinal *"no céu"*. É um *"Dragão, grande, vermelho, com sete cabeças, dez chifres e nas cabeças, sete diademas"*. Trata-se de alguém poderoso, pois tem *"dez chifres"* e *"Diademas"*. É alguém que estava no céu. *"Estava"*, porque arrastando consigo a *"3ª parte das estrelas do céu", ou seja*, Anjos que agora estão caídos, foi lançado do céu para a terra. Esta é a "serpente", o "diabo" e "Satanás". É quem monta o "Cavalo Vermelho".

Ele está *"Vermelho"* de raiva por ter sido expulso do céu. Ele não recebeu a misericórdia de Deus como a Igreja recebeu e foi perdoada por causa da morte de Jesus Cristo. Sendo assim ele elegeu a Igreja como sua maior inimiga. Ele *"se deteve em frente da mulher que estava para dar à luz, a fim de lhe devorar o Filho quando nascesse"*. Como a Igreja esperava o Filho seu desejo era acabar com a esperança da Igreja. E foi isso que ele fez durante toda a história.

Ele matou o filho fiel de Eva. Tentou corromper o Noé fiel levando à bebedeira e a amaldiçoar seu descendente. Tentou destruir os filhos de Israel no Egito e levantando todos os seus vizinhos contra ele em Canaã. Tentou levantar outro rei (Saul) que não era o escolhido por Deus e de quem nasceria o Leão da Tribo de Judá. Matou os descendentes de Davi com esse fim, mas Deus protegeu *"a mulher grávida"* e salvou um representante da linhagem real. Tentou seduzir Israel para abandonar a Deus. Tentou enganá-los no exílio para que não voltassem para sua terra. Ele fez de tudo para que *"A Mulher Grávida"* não tivesse seu filho.

Mesmo com todos os esforços do Diabo, *"Nasceu-lhe, pois, um Filho varão, que há de reger todas as nações com cetro de ferro. E o seu Filho foi arrebatado para Deus até o seu trono"*. Como Paulo disse, *"chegando a plenitude dos tempos"* Jesus nasceu. Nasceu, viveu como o homem perfeito. Cumpriu a lei e pode se apresentar como o Cordeiro de Deus para se sacrificar pelos homens. Morreu e *"foi arrebatado"*. Jesus subiu numa nuvem aos céus e assentou-se no trono junto com o Pai. O Filho não traz mistério algum, é Jesus Cristo.

Quanto à mulher, que não é Maria, mas a Igreja, foi ela levada por Deus para o *"Deserto"* onde Ele a sustentaria e a protegeria durante 1.260 dias, ou 42 meses, ou "um tempo, dois tempos e metade de um tempo" ou apenas 3 anos e 6 meses. Esse é o tempo simbolicamente atribuído á esta dispensação em que a Igreja será perseguida e sobreviverá *"num deserto"* até ser resgatada pelo Seu Noivo.

Versos 7 a seguir se refere a uma batalha no céu. É para explicar o fato de o dragão arrastar a 3ª parte das estrelas, anjos do céu. Miguel, um anjo do Senhor, talvez um general dos exércitos celestiais, peleja contra Satanás (Lúcifer) no céu. O Diabo, que era um anjo de luz, se revoltou contra Deus e atraiu consigo muitos anjos que se tornaram seus seguidores.

Como perdeu a guerra contra o exército celeste foi expulso do céu. Aqui ele recebe seus nomes para que não haja dúvida de quem ele é: O grande Dragão, a Antiga Serpente, Diabo e Satanás. O Sedutor de todo o mundo. Ele foi atirado à terra com seus anjos, demônios.

Quando ele foi lançado para fora dos céus houve festa. Os anjos fiéis e vitoriosos festejaram. O acusador foi derrotado e os acusados (os crentes) aparecem no v. 11 como vencedores, pois o Sangue do Cordeiro os lavou. Eles se apegaram à Palavra do testemunho que apresentou o Filho de Deus como o Salvador do mundo e mesmo em meio às tribulações não amaram a sua própria vida. Por isso festejam.

Mas há um *"Ai"* a seguir: *"Ai da terra e do mar, pois o diabo desceu até vós, cheio de grande cólera, sabendo que pouco tempo lhe resta"*. A Igreja que aparece vitoriosa no céu tem de lutar com toda garra e até morrer por seu Senhor. A luta é dura e por isso é dito: *"Ai"*.

Volta-se à perseguição do Dragão contra a mulher (v. 13-17) para revelar suas atitudes posteriores. Não conseguindo matar o Filho, pois foi arrebatado, o Dragão se volta contra a Igreja para destruí-la. Ele usa *"água como de rio"*. Lembra-te que água diz respeito à pessoas? Como o mar de vidro que simboliza os crentes diante do trono. Satanás passou a usar pessoas contra a Igreja. E quantas foram usadas por ele para esse fim! Quanta gente tem demonstrado ódio injustificado contra a Igreja. A razão para esta raiva está nos seus corações dominados pelo diabo.

Ele não conseguiu ter êxito e não conseguirá, pois Deus *"Deu duas asas da grande águia, para que a mulher* (Igreja) *voasse até ao deserto, ao seu lugar, aí onde é sustentada durante um tempo, dois tempos e metade de um tempo"*. Deus escondeu Sua Igreja no deserto. Ele é quem a protege e a sustenta durante esta dispensação, apesar de ela estar *"num deserto"*. A terra engoliu o rio, mostrando que Deus frustrará os intentos destruidores de Satanás.

A Igreja foi levada para o deserto. Deserto é lugar de escassez e sofrimentos, mas é um lugar de milagres, não se esqueçam deste detalhe. Quanto ao tempo: *"Um tempo, dois tempos e metade de um tempo"* já foi citado anteriormente. São 3 anos e 6 meses e há outras descrições sobre este período. É esta dispensação inteira.

Satanás, irado, procura aliados para cumprir seu intento maligno. Seus inimigos são: *"Os que guardam os mandamentos de Deus e têm o testemunho de Jesus"*. Para derrotá-los ele: *"Se pôs em pé sobre a areia do mar"*. Está pronto para chamar os seus aliados que serão apresentados no capítulo 13, a saber: a *"Besta que emerge do mar"* e a *"Besta que emerge da terra"*.

Para não ficar assustado saiba que a descrição destas bestas não tem como objetivo desenhar monstros que surgirão sobre a terra. Elas são agentes satânicos que atuarão com o propósito de trazer medo e sofrimentos aos crentes e para tentar enganar-nos a qualquer custo. São exércitos, falso ensino e prazeres que serão oferecidos à Igreja.

O cap. 13 se inicia com a descrição da *"Besta que emerge do mar"*. Ela simboliza o poder e a força que Satanás tem ao usar os exércitos e o poder bélico dos governos da terra contra a Igreja. O *"Mar"* são povos e nações usados pelo Diabo. Não é um monstro marinho.

A descrição dos chifres e cabeças diz respeito aos reinos usados pelo Diabo. Diademas dizem respeito às suas vitórias alcançadas. Esta *"besta"* se apresenta como uma ursa irada e faminta como um leão para revelar a intensidade com que os governos terrenos, motivados pela ira de Satanás virão contra a Igreja de Jesus Cristo.

Os impérios terrenos recebem poder do *"Dragão"*. Recebem também seu reino e sua autoridade. Mesmo assim um dos impérios terrenos receberá um golpe fatal. O texto diz que *"Uma das cabeças foi golpeada de morte"*. Um exemplo deste golpe é o Império Romano que perdeu sua força por um tempo e ressurgiu com novo Imperador ainda mais perverso e irado contra o povo de Deus – *"a ferida foi curada"*.

Os reinos são adorados por terem o poder da besta. Como o Imperador de Roma que eram tidos como *"deuses"*. Tornaram-se arrogantes e blasfemos contra Deus. Seu período de atuação se estende por toda esta dispensação – *"Foi lhe dada autoridade para agir por 42 meses"* (3 anos e 6 meses / 1.260 dias / Um tempo, dois tempos e metade de um tempo). A luta só acabará com a volta de Cristo.

Esse tempo de luta da Igreja contra *"o Dragão e seus agente"* já foi descrito anteriormente quando tratamos das duas testemunhas que foram mortas e ressuscitaram para serem arrebatadas e a atuação desta besta também já foi descrita com a referência dos inimigos que atuarão para destruir a Igreja. Esta besta *"abriu a boca em blasfêmias contra Deus, para lhe difamar o nome e difamar o tabernáculo, a saber, os que habitam no céu"* (a Igreja aqui é descrita como estando no céu).

Esta besta (a atuação conjunta do Dragão e seus agentes) por fim matará a Igreja (as duas testemunhas do cap. 11) por um curto período de tempo (11.7). Esta derrota da Igreja é novamente citada, mas é a mesma: *"Foi-lhe dado, também, que pelejasse contra os santos e os vencesse"* (13.7).

Como dissemos, o tema desta sessão é: <u>A Perseverança dos Crentes que Foram Selados por Deus</u>. O v. 10 encerra dizendo: *"Aqui está a perseverança e a fidelidade dos santos"*. Fica a pergunta: Aqui, onde? A resposta foi dada: *"Adorá-la-ão todos os que habitam sobre a terra, <u>aqueles cujos nomes não foram escritos no Livro da Vida</u> do Cordeiro que foi morto desde a fundação do mundo"*. Os crentes perseverarão por que fazem parte do plano de Salvação do próprio Deus. Seu Espírito agindo nos crentes nos fará fiéis e perseverantes como resultado de termos sido inscritos no Livro da Vida pelo próprio Deus, isso antes da fundação do mundo.

Depois de falar do mal que os governantes farão à Igreja (a besta que sobe do mar) surge aqui outra figura sinistra: *"A Besta que sobe da terra"*. Como vimos, esse não é um monstro. É a uma representação física do grande mal que nos sobrevirá.

No caso desta besta ela surge da terra. Ela traz coisas de homens. Ela tem uma peculiaridade: *"Ela tem dois chifres, parecendo com um cordeiro, mas falava como dragão"*. Esta besta surgirá novamente no relato do Apocalipse como *"O Falso Profeta"*. Ele virá com sinais, maravilhas e enganará a muitos com seus milagres e com sua doutrina vã. Esta besta nada mais é do que o falso ensino, as filosofias humanas e as doutrinas dos sábios que tentam perverter a Verdade de Deus.

Veja que ela parece um carneiro. Ninguém teme um carneiro. O falso ensino parece inofensivo. Todos o acolhem sem medo, mas sua malignidade aparece logo, pois quando abre a boca, *"Fala como*

Dragão". Muitas igrejas já foram destruídas por acolher esse *"cordeirinho inofensivo"*.

O texto revela que *"o falso ensino"* recebe autoridade dos reinos da terra (Besta que emerge do mar). Um exemplo disto é o apoio que o bruxo Paulo Coelho recebe do governo para lançar e expor sua doutrina diabólica contida nos seus livros.

Sua atuação visa *"Fazer com que os habitantes da terra adorem a primeira besta"*. Para ganhar a atenção ela opera sinais e até fogo faz descer do céu. Ela seduz com sinais e induz a população à idolatria mandando-os fazer uma imagem da besta e a adorar. A idolatria é comum em todos os povos. Adoram a todo tipo de ídolo, mas impedem e perseguem a todos os que pregam a salvação em Jesus Cristo.

A imagem da besta recebe vida. Não é que a estátua viverá, mas que o Imperador se sentindo "um deus" perseguirá a todos que não se curvarem diante dele (13.15).

Para impor seu domínio e estabelecer o seu exército na terra, assim como Deus selou os crentes, o dragão marca aqueles que lhe pertencem. As pessoas são marcadas na mão e na fronte. Cuidado para não ser literal. Muitos ao estudar esse texto falam de chips e coisas atuais e se esquecem de que essa marca era algo nos ímpios perseguidores há cerca de dois mil anos atrás. Tratava-se das obras de suas mãos e da manifestação dos seus pensamentos – Mão e Mente.

Os crentes da época não podiam comercializar nada fora dos mercados. Esses mercados serviam como templos ou centros de adoração ao Imperador. Tudo girava em torno da adoração. Se alguém se recusasse a declarar que o Imperador era deus, seria morto. Após os sacrifícios havia festas regadas a muito vinho e sexo. Os prostitutos e prostitutas cultuais cultuavam ao deus Imperador fazendo sexo publicamente com a participação dos presentes. Se um crente se recusasse a permanecer ali seria perseguido e morto. Sua mente deveria ser marcada para que participasse daquilo tudo sem questionar.

Essa marca era simbolizada por um número: 666. Novamente insisto: Esse número não é literal. Não é uma marca como se marca os bois. É uma marca na Mente e no Comportamento das pessoas. O verso 18 diz: *"Aqui está a sabedoria. Aquele que tem entendimento calcule o número da besta, pois é número de homem. Ora, esse número é seiscentos e sessenta e seis"*. Não era para ser visto, mas calculado, pois é coisa de homem e não de Deus. É algo infinitamente falho.

Como já vimos que o número 6 (seis) simboliza o comportamento humano. Foi no sexto dia que o homem foi criado. A besta que sobe da terra marca a influência humana, suas filosofias e doutrinas que dominam os homens e agem para afastar os fiéis de Deus. O falso ensino é facilmente descoberto, é só calcular, pois é 666, ou seja, é coisa de homem falho – 6. É infinitamente falho. Repete-se: 666 para não deixar dúvida alguma da sua fabilidade.

O capítulo 14 parte para o regresso glorioso de Jesus e o arrebatamento da Igreja. Revela o Cordeiro de Deus vindo nas nuvens. Aqui a Igreja é descrita como os 144.000. São crentes dos quatro cantos da terra que foram selados e trazem o nome de Filho e do Pai.

Esta multidão canta um cântico que *"ninguém pôde aprender, senão os 144.000 que foram comprados da terra"*. Uma explicação é que o ímpio não compreende as coisas espirituais. A multidão, comprada pelo sangue de Jesus, recebeu Seu Espírito e foi capacita a *"Aprender o cântico"*.

Outra explicação é que o cântico visa louvar a Deus pela salvação recebida. Os ímpios se rebelaram contra Deus, se recusaram a se arrepender e endureceram seus corações. Como ímpios louvariam a Deus por uma salvação que não conhecem e não receberam? Somente os salvos é que podem cantar esse cântico.

Algumas características dos crentes são descritas:

1. Não se macularam com mulheres – Não se deixaram ser dominados por sua sexualidade. Não é que são virgens. Esses não se entregaram à luxúria da *"Grande Meretriz"* e nem aos enganos da *"besta que sobe da terra – Filosofias e doutrinas terrenas"*.

2. São eles os seguidores do Cordeiro por onde quer que vá. Esse grupo é marcado pela fidelidade ao Filho de Deus. São seus discípulos em qualquer situação e em qualquer lugar.

3. Foram redimidos dentre os homens, primícias para Deus e para o Cordeiro – Estes são os que foram comprados da terra. Foram redimidos e se tornaram propriedades exclusivas de Deus. Oferecem-se como primícias para o Senhor que os salvou.

4. Não se achou mentira em sua boca e não têm mácula. Satanás é o pai da mentira. Ap. 21.8 diz que os mentirosos ficarão fora do céu. Essa multidão fala a verdade, pois são filhos da verdade. Suas manchas desapareceram porque lavaram suas vestes no sangue do Cordeiro. Esta é a multidão dos redimidos que em meio às tribulações se apegaram ao Senhor (7.14-17). Purificaram-se como noiva que se adorna para o Noivo.

A parte final deste capítulo (v. 6 a 20) fará uma retrospectiva dos acontecimentos desta dispensação, sendo apresentada pelo som de "Vozes".

A 1ª voz apresenta um anjo que entrega o Evangelho. Já vimos que ele é Jesus Cristo que envia a Igreja para pregar a todos os povos. A Igreja é chamada à adoração e ao serviço. Enquanto espera pelo Juízo Final propaga o Salvador do mundo.

A 2ª voz é um aviso ao mundo. Estudamos sobre "As Trombetas". O mundo cairá, representado aqui pela *"Grande Babilônia"*. Toda a sua segurança é pura vaidade.

A 3ª voz fala do Juízo Divino. Quem estiver unido ao mundo cairá com ele. Os adoradores da besta e quem recebeu sua marca também beberão o cálice da ira de Deus e serão atormentado com fogo e enxofre pelos séculos dos séculos. Será um sofrimento que não terá fim. Fora deste castigo eterno ficarão os selados por Deus. Estes perseverarão e guardarão os Seus mandamentos e a fé em Jesus (14.12).

A 4ª voz fala das *"Bem-aventuranças dos crentes"*. Não fala de crentes ricos e abastados, mas de crentes que *"Morrem no Senhor"*. A perseverança do crente, mesmo que morra por ser fiel, é uma bem-aventurança. Estes descansarão no Senhor.

A 5ª voz revela a ceifa de Cristo. Ele vem coroado, numa nuvem branca e com uma foice na mão. Está pronto para fazer a colheita dos fiéis. Será o arrebatamento da Igreja.

A 6ª voz revela o castigo do mundo ímpio. A figura usada é a da colheita de uvas maduras. Elas são colhidas, lançadas e pisadas no lagar (um tacho para esmagar uvas). Aqui simbolizam a colheita dos ímpios que serão lançados no *"Lagar da cólera de Deus"* para serem esmagados. Seu sangue será derramado como o sangue dos fiéis que foram odiados, perseguidos e mortos por eles.

Nós podemos e devemos nos sentir tranquilos e confortados mesmo que venhamos a sofrer privações e provações. Nosso Deus está conosco. Os nomes de todos aqueles que verdadeiramente creram em Jesus Cristo como Salvador estão escritos no Livro da Vida e isto será determinante para não sermos atingidos pelos juízos divinos que virão sobre o mundo ímpio e para recebermos a salvação vinda de Deus.

Perseveremos, pois, com alegria e determinação para não sermos enganados pelo *"Falso Ensino"* e não venhamos a ceder quando perseguidos pelos homens, sejam nossos patrões, vizinhos ou qualquer um que vier nos pressionar para abandonarmos nossa fé.

Os aliados do Dragão serão vencidos por aqueles que perseveram na fé no Filho de Deus, Jesus.

APOCALIPSE

5ª Sessão – Cap. 15 a 16

Chegamos à quinta sessão. Assim como as sessões anteriores esta começa com: *"Vi no céu outro sinal"*. Ela revela a glória e felicidade dos redimidos e os sofrimentos dos ímpios.

O texto revela o sinal que foi visto por João: *"Sete anjos tendo os sete últimos flagelos, pois com estes se consumou a cólera de Deus"*. Este sinal revela o cuidado de Deus em fazer justiça aos seus fiéis oprimidos. Muitas vezes parece que o justo sofre e o ímpio se dá bem e nenhum mal lhe ocorre. No livro de Malaquias esta foi uma questão recorrente, pois o povo até dizia que Deus não sabia julgar, tendo em vista que o que se percebe é que os ímpios sempre se dão bem. Isto ocorre até que Deus revela seu juízo, quando então o justo recebe Sua graça e os ímpios são duramente castigados.

Esta sessão revelará o castigo de Deus sobre o mundo ímpio. São as *"Taças da Ira de Deus"* sendo derramadas. A Igreja militante sofreu duramente nas mãos do mundo ímpio por causa da perseguição do Dragão (Satanás) e seus aliados (Os reinos da terra e as filosofias vãs com seus falsos ensinos). Sangue de crentes em Cristo foi derramado por terem sido fiéis e esse sangue clamou por justiça. Ela veio agora.

Há uma inversão na ordem dos acontecimentos aqui. Nas sessões anteriores a glorificação dos crentes aparecia no final, depois de revelada toda a ira de Deus sobre o mundo ímpio. Nesta sessão ela veio primeiro. Os crentes aparecem jubilantes diante do Cordeiro porque todos os ímpios, que lhes trouxeram sofrimentos, perseguições e angústias, foram condenados.

Vejamos o texto: *"Vi como que um mar de vidro, mesclado de fogo, e os vencedores da besta, da sua imagem e do número do seu nome, que se achavam em pé no mar de vidro, tendo harpas de Deus; e entoavam o cântico de Moisés, servo de Deus, e o cântico do Cordeiro dizendo...".*

Lembra-te que *"Mar"* diz respeito a povos. Neste caso o *"Mar de Vidro"*, límpido e purificado diz respeito ao povo santo de Deus, à multidão dos redimidos que lavaram suas vestes no sangue do cordeiro e agora estão diante do trono de Deus, como apresentado na 2ª sessão.

Esse *"Como um mar de vidro"* é formado pela multidão *"Dos vencedores da besta, da sua imagem e do número do seu nome"*. Vimos que o que fez a diferença para que perseverassem foi que *"Tiveram seus nomes escritos no Livro da Vida do Cordeiro"* e *"Todos estes foram selados com o selo de Deus"* (7.4 / 13.8-10).

Na sessão passada a 3ª voz revelou que todos os que adoram a besta e sua imagem e recebem sua marca também receberão os flagelos. No cap. 13.8-10, diz: *"Adorá-la-ão todos os que habitam sobre a terra, aqueles cujos nomes não foram escritos no Livro da Vida do Cordeiro que foi morto desde a fundação do mundo... Aqui está a perseverança e a fidelidade dos santos"*. Estes que adoram a besta, servem-na e agora sofrem, não tiveram seus nomes escritos no Livro da Vida (14.9-11 / 20.15). Deus lhes negou esse benefício glorioso.

Esta multidão está diante do trono de Deus, em primeiro lugar, porque sempre fizeram parte do projeto salvador de Deus desde antes da fundação do mundo. Por esses Cristo morreu e a seus corações foi dado o Espírito Santo de Deus que os selou para preservá-los de caírem em pecado e adorar a besta e seus agentes e cair em suas tentações. Em segundo estão ali por terem sido fiéis. Estes se esforçaram e permaneceram firmes em meio às tribulações, sem vacilar. Em meio aos sofrimentos, ao invés de desistir, eles se santificaram ao Senhor e lavaram suas vestes no sangue do Cordeiro de Deus. Sabemos que sua atitude é fruto da ação interna do Espírito Santo, porém seus atos de justiça são vistos por Deus e aceitos como sacrifícios de louvor (14.13).

O *"Mar de Vidro está mesclado de fogo".* A multidão dos redimidos canta louvando a Deus pela manifestação da Sua justiça. O *"Fogo de Deus"* estava caindo, porém sobre os inimigos, pois *"Fogo de Deus"* é a manifestação de toda a sua ira e cólera que traz Seu juízo.

A multidão canta como cantou os israelitas depois de atravessar o Mar Vermelho e verem os inimigos se afogar e morrerem. Deus os tirou da servidão egípcia e deu-lhes a liberdade e os encaminhavam para a Terra Prometida, por isso cantavam. Aqui os redimidos fazem o mesmo e pelo mesmo motivo.

A referência ao *"Cântico de Moisés",* cantado pela multidão com harpas de Deus, não deixa dúvida da lembrança da multidão em festa, na praia do Mar Vermelho que cantava o Cântico de Moisés depois da vitória dada pelo próprio Deus. Aqui a vitória também veio de Deus, por isso é que todos os redimidos não se louvam por terem sido fiéis, mas louvam a Deus que lhes fez serem vitoriosos. A glória por qualquer vitória humana é sempre de Deus e nunca do homem.

O Cântico diz assim: *"Grandes e admiráveis são as tuas obras, Senhor Deus, Todo-Poderoso! Justos e verdadeiros são os teus caminhos, Ó Rei das nações! Quem não temerá e não glorificará o teu nome, ó Senhor? Pois só tu és santo; por isso, todas as nações virão e adorarão diante de ti, porque os teus atos de justiça se fizeram manifestos".*

Numa análise rápida veremos o louvor dado às obras do Senhor. Toda a glória Lhe é dada. O louvor também é dado pela manifestação da Sua justiça, que é o centro desta 5ª sessão. Revela que todos se curvarão diante do Rei – Jesus. Não diz que todos o adorarão como convertidos, pois vimos que os selados fazem parte de uma multidão e há outra multidão que receberá o Seu Juízo. Adorá-Lo-ão reconhecendo a Sua majestade e Suas glórias assim como os reis vencidos tinham de reconhecer a majestade do rei que os venceu. Será um ato de submissão forçada. Todos se curvarão diante do vencedor – Jesus – O Cordeiro de Deus que os subjugou.

Assim como no cap. 7, quando os anjos que traziam os flagelos foram detidos até a multidão dos redimidos serem seladas para não sofrer os flagelos junto com os ímpios, também nesse texto vimos os redimidos glorificados que foram separados e não receberão a Ira divina, e nós sabemos o por que: Porque Jesus Cristo, o nosso Salvador, na cruz, já sofreu os nossos castigos e foi duramente punido por Deus em nosso lugar. Sendo assim, nós, que estamos em Cristo, estamos todos livres do Juízo de Deus, pois já fomos julgados e condenados na pessoa do nosso Salvador.

Revelada a separação entre justos e ímpios, agora o texto mostrará a Ira de Deus sendo derramada. *"Sete anjos"* vestidos de pureza e majestade recebem sete taças de ouro cheias da cólera de Deus das mãos de um dos Serafins (um dos quatro seres viventes). O fato de serem sete revela a totalidade dos agentes divinos que trarão os juízos de Deus aos quatro cantos da terra, à todos os seus habitantes.

Os juízos são enviados em *"Taças de ouro"* mostrando que todos os flagelos que virão são enviados pelo próprio Rei. É sua justiça. É seu juízo. É sua cólera, pois o que vem a seguir é fruto de toda a Sua indignação ante aos pecados praticados pelo mundo ímpio.

A seguir diz: *"O santuário se encheu de fumaça procedente da glória de Deus e do seu poder, e ninguém podia penetrar no santuário, enquanto não se cumprissem os sete flagelos dos sete anjos"*. Essa fumaça apareceu na inauguração do templo quando Deus o encheu da Sua glória. Ela revela a presença do Juiz que vem julgar.

Quando diz que *"Ninguém mais podia penetrar no santuário"* quer revelar que a porta da graça se fechará. Não existirá mais nenhuma possibilidade de intercessão. O Espírito Santo não agirá mais para trazer os homens ao arrependimento. Jesus Cristo não mais intercederá por nenhum pecador. Agora ele é o Juiz que condenará a todos os que se mantiveram duros de coração, rebeldes e amigos do mundo, do dragão, das bestas e de todo tipo de perversidade.

As *"Taças"* e as *"Trombetas"* têm um sentido paralelo. São praticamente iguais e afetam quase que os mesmos elementos. Mas lembra-te que as trombetas são avisos dados ao mundo ímpio para que se arrependam. As taças não avisam, com elas *"se consuma a cólera de Deus"* (15.1). São atos finais de Deus para o Dia do Juízo Final, mas também são a causa de mortes de ímpios hoje.

O período do derramamento dessas taças é o mesmo que as sessões anteriores: da 1ª à 2ª vindas de Cristo. É toda esta dispensação, porém revelando uma intensidade crescente até o Juízo Final, quando tudo se tornará insuportável. É a aplicação da ira de Deus nas situações em que não se dá segundas oportunidades e quando não se tem mais lugar para arrependimento. É o castigo e morte de ímpios.

É bom lembrar que as taças nunca são derramadas sobre justos, pois ela já foi derramada sobre Cristo, em nosso lugar. Quando o justo sofre suas tribulações visam o crescimento espiritual. Para os ímpios são castigos. Para nós, mesmo que difíceis de suportar, se tornam bênçãos.

A 1ª taça é derramada sobre os homens que possuem a marca da besta e adoram sua imagem. Ela lhes traz *"Úlceras malignas e perniciosas"*. Lembra-te que essa foi uma das 10 pragas do Egito. Também os filisteus, quando levaram a Arca da Aliança, foram feridos com úlceras. O rei Herodes recebeu esta taça da ira de Deus e foi comido vivo por bichos como juízo de Deus contra a sua arrogância.

Para uns o flagelo é o derramamento de uma taça da ira de Deus e para outros esse mesmo flagelo serve como o toque de uma trombeta avisando-o do iminente juízo divino. Os filisteus foram curados, o rei Herodes não. Essa taça que traz feridas às pessoas ímpias tem sido derramada sobre ímpios arrogantes e eles sabem que o mal que lhes sobreveio foram castigos de Deus.

A próxima taça se refere às águas do mar que tornam-se em sangue. Essa também foi uma das 10 pragas do Egito – as águas tornaram-se sangue. Refere-se a todos os acidentes fatais que ocorreram no mar ou provocados pelo mar. Tsunamis, maremotos, tempestades marítimas são um exemplo na manifestação da ira de Deus. Ninguém os pode conter. Porém o acidente com o Titanic, por exemplo, sob o qual seu construtor, na sua inauguração, afirmou que *"Nem Deus o afundava"*, não terminou sua primeira viagem. Isso revela a ira de Deus contra a arrogância humana derramando *"sua taça nas águas do mar"*.

A 3ª taça revela que o juízo manifestado nela satisfaz os justos que clamaram por justiça na abertura do 5º selo. O sangue derramado sob o altar, descrito como *"as almas dos crentes"*, clamavam por justiça. Agora a voz vinda do altar desse mesmo sangue, diz: "*Certamente, ó Senhor Deus, Todo-Poderoso, verdadeiros e justos são os teus juízos*". A justiça divina os satisfez.

Essa taça é derramada porque *"Derramaram sangue de santos e de profetas, também sangue lhes tens dado a beber"*. É justo que recebam de Deus na mesma medida do mal que praticaram contra o povo que adora o Senhor. Serão castigados com o falta de água. As fontes, ao invés de fruírem águas límpidas, fruirão sangue, como dos crentes derramados por eles. Ou morrerão lutando para conseguir água para matar sua sede.

A 4ª taça revela os males trazidos pelo sol. Quantas queimadas surgem sem o toque destruidor do homem. Quanta vida perece nelas. Quantos males o sol traz sobre os ímpios, como doenças de pele, destruição de lavouras e o ressecamento das pastagens que leva à morte de animais. Já vi seca assim no Nordeste e quando o sol está no seu fulgor é como se estivesse sobre as cabeças uma mão cheia de furor castigando por erros cometidos, pois o calor é insuportável. O sol tem causado muitas mortes e são elas taças da ira de Deus.

Porém o texto revela que mesmo diante desses males os ímpios não se arrependem. Muitos acham que sofrimentos levam à conversão. NÃO! Muitos se convertem em meio às tribulações porque fazem parte do projeto de Deus e as tribulações são avisos de Deus que os quebranta com o toque do Santo Espírito. Porém os ímpios ainda mais se endurecem e se rebelam contra Deus e blasfemam ainda mais contra o Seu Nome.

A 5ª taça afeta o trono da besta. Lembra-te que a besta vem montada sobre *"Montes"* que são os reinos da terra. Quantos reinos já sentiram o duro golpe da taça da ira divina. Esse flagelo destrói nações, como os antigos povos que eram poderosos e Deus os destruiu. Como o arrogante Estados Unidos que passou por uma crise (trombeta) e o mundo inteiro sofreu os efeitos dela. Ele ainda permanece, mas muitos outros já caíram.

São *"Trevas"* que recaem sobre eles e junto a elas vêm angústias e úlceras. Quantos investidores perderam tudo. Quantos ricos ficaram pobres e perderam o sono, a saúde e até tiraram suas vidas. E mesmo assim, *"Não se arrependeram de suas obras más"*. O sofrimento os deixou com os corações ainda mais duros.

A 6ª taça, assim como a abertura do 6° selo e do toque da 6ª trombeta, revela que em consequência da revelação da ira de Deus o mundo espiritual do mal se junta para pelejar contra Deus e Sua Igreja. Há um movimento intenso do mal que se une aos seus aliados e seguidores para lutar contra Deus e o Seu povo. O Dragão, a Besta e o Falso Profeta lançam de suas bocas espíritos de demônios que operam sinais e maravilhas para atrair seguidores e enganar as pessoas para fazerem cumprir os desígnios malignos de Satanás. Seu objetivo é ajuntá-los para pelejarem contra o Cordeiro e Sua Igreja.

Fique atento. O derramamento desta taça despertará toda a ira do Dragão. Serão dias difíceis, como Jesus nos avisou. Pai contra filho, filho contra pai. Os inimigos agindo dentro das casas. Igrejas se esfriando pela ação do *"Falso Profeta"* com doutrinas falsas e perniciosas que desviam a Igreja do seu foco – o Autor e Consumador da Fé. Governos criando leis que afetam o funcionamento das Igrejas, tentando impedi-las de pregar o verdadeiro evangelho.

Esses são poucos exemplos do grande mal que sobrevirá sobre a Igreja e por isso é que o texto revelou a glorificação da igreja antes de falar dos flagelos, para que ela não se desanime diante das tribulações que terá de enfrentar. Será a batalha do *"Armagedon"*. Essa batalha tem sido uma realidade da Igreja em vários países e um dia terá alcance mundial, afetando todo o povo de Deus e todos os povos da terra.

Os *"espíritos malignos em forma de rãs"* não serão feios e assustadores. Serão aliados do Dragão que penetrarão nas Igrejas, nos púlpitos, na vida dos membros fazendo sinais e maravilhas que atrairão sua atenção. Os enganados sofrerão danos, pois não deram crédito à verdade e preferiram se encantar com os enganos dos demônios que fazem espetáculos que lhes agradam (2 Tessalonicenses 2.7-12 - Leia).

A 7ª taça é a taça final. Vem acompanhada da declaração: *"Feito está!"* É a consumação da ira total de Deus. Será o ato final, quando Satanás, seus seguidores e seus demônios receberão a punição eterna de Deus. Quando serão banidos da presença de Deus e lançados no tormento eterno.

Esta 7ª taça afeta o ar. Todos respiram e todos os ímpios sentirão os efeitos desta taça. Relâmpagos e terremotos anunciarão o Juízo Final. A Grande Cidade, simbolizando todos os prazeres, poderes e alegrias mundanas, se parte em três partes. É o fim das cidades centro do prazer e poder mundano. É a ira provocada pela lembrança de Deus de todos os males provocados por eles. As ilhas se afundarão e os montes perderão seu fundamento. Serão destruídos. Pedras de cerca de 60 quilos cairão dos céus sobre os ímpios e os matarão.

Mesmo diante do Juízo de Deus os homens ímpios continuam blasfemando contra Deus revelando que *"Tu és justo, pois julgaste estas coisas; São dignos disso"* (16.6). Todo o mal que Deus trará sobre os ímpios será a mais pura manifestação da santa ira de Deus.

Poderia haver outra forma de descrever toda angústia e sofrimento que as taças da ira de Deus provocarão no mundo ímpio? Tudo o que conhecem será destruído. Todas as suas bases de confiança cairão. Tudo se abalará e todos os que ainda estiverem por aqui serão destruídos. O pior é que todo este sofrimento será ainda aumentado. Quando não suportarem mais os flagelos ainda serão lançados no lago de fogo, onde os sofrimentos serão eternos e sem fim. Já não adiantará mais clamar por misericórdia. Só verão a ira de Deus.

Quando o mundo ímpio estiver sofrendo com estes flagelos finais, a Igreja terá sido levada por Seu Senhor para o descanso eterno e glorioso. Seu Senhor os pastoreará para todo o sempre, em glória e paz. A dor não doerá mais e os problemas não mais existirão. Lá a luz de Deus iluminará a todos.

Quem sofreu na terra por ser fiel a Deus será recompensado com as glórias eternas junto ao Senhor que esteve ao lado da Igreja quando ela sofria em meio às muitas tribulações. Como Paulo nos avisou, os prazeres terrenos não podem ser comparados com as glórias que virão no por vir. Deus tem reservado coisas maravilhosas para os seus fiéis.

Diante da segurança que temos da parte de Deus de que seremos salvos por Ele, tenhamos zelo na propagação do Seu Evangelho para que mais pessoas tenham a salvação e a felicidade que temos. Sejamos servos fiéis. É o que Ele espera de nós.

APOCALIPSE

6ª Sessão – Cap. 17 a 19

O capítulo 17 dá início a uma nova sessão que se encerra no capítulo 19. Um anjo vai até João e lhe mostra a visão do julgamento da grande meretriz. Nesta sessão, como as anteriores, aparecem algumas figuras estranhas para nós, mas que tinham significância para a Igreja da época. A nós nos resta tentar entendê-las.

A 6ª sessão se divide em três etapas. Uma em cada um dos capítulos. O capítulo 17 apresenta o inimigo a ser vencido e seus aliados. No capítulo 18 apresenta a derrota do inimigo. No capítulo 19 apresenta a Igreja vitoriosa. Esse é o tema do Apocalipse: JESUS CRISTO E SUA IGREJA SÃO VENCEDORES. SATANÁS E SEUS ALIADOS SÃO DERROTADOS. É isso que essa 6ª Sessão confirma.

Vejamos a primeira etapa: a apresentação do inimigo a ser derrotado. A figura central desta etapa é a grande meretriz. Ela provoca os homens e os incentiva ao pecado. Ela se identifica com a besta que sobe da terra e com o falso profeta. Ambos desviam os homens com falsos ensinos, enganam com sinais e maravilhas e os induzem à busca do prazer e à rebeldia contra Deus.

Estas figuras (a besta, o falso profeta e a grande meretriz) são representações simbólicas da atuação satânica que visa desviar o homem de Deus e fazê-los se lançarem nos prazeres do mundo. A carta enviada à Igreja de Tiatira revela que lá havia uma mulher – Jezabel – que induzia às pessoas a experimentar com intensidade o prazer. Essa é uma personagem real da atuação destes agentes do mal que toma várias formas, porém com o mesmo objetivo.

O local onde a grande meretriz é vista é significativo. Ela é vista num *"Deserto"*. Foi para o deserto que a Igreja foi levada para lá ser sustentada e protegida por Deus durante esta dispensação. A atuação da grande meretriz está direcionada contra a Igreja, que é seu alvo principal, por isso ela sempre estará onde a Igreja estiver.

A grande meretriz é apresentada como uma prostituta vestida com roupas finas e coloridas e coberta por jóias. É a tentativa de vender uma imagem de vencedora e de bem com a vida. Veja o texto: *"Achava-se a mulher vestida de púrpura e de escarlata, adornada de ouro e de pedras preciosas e de pérolas".* Ela está vestida como as prostitutas que se vestem para parecer que podem proporcionar a felicidade a quem se envolver com elas. Tudo não passa de engano, mas engana a muitos.

A imagem seguinte revela que todos os atos pecaminosos praticados pelos homens são armazenados pela grande meretriz. Ela os expõe como um prêmio e assim ressalta sua capacidade de levar o homem ao pecado e à rebeldia contra Deus. Cada pecado do homem faz com que Satanás se sinta vitorioso e satisfeito.

O texto diz: *"Tendo na mão um cálice de ouro transbordante de abominações e com as imundícias da sua prostituição".* Ela guarda consigo toda a sujeira praticada pelos homens que a seguem e fazem uso dos prazeres que ela oferece.

A grande meretriz (Satanás) tem prazer em se apresentar como a fonte de toda perversão dos homens. Ela tem escrito em sua fronte: *"Babilônia, a grande, a mãe das meretrizes e das abominações da terra".* Ela está por detrás de toda sedução. Todas as vezes que você sentir o desejo de cometer um pecado saiba que ela estará do teu lado, sussurrando em teus ouvidos e te induzindo ao erro. Cair em pecado é deixar de obedecer a Deus e obedecer ao diabo. Ao pecar você não estará usando a tua liberdade de escolha, pelo contrário, estará revelando tua escravidão, pois estará obedecendo ao inimigo da tua alma a quem você estará se submetendo ao praticar o pecado induzido por ele.

Seu prazer é destruir a fé e a vida dos homens de Deus. Tanto provoca a morte para assim fazer com que os demais crentes se desanimem de manterem-se fiéis, como mata sua fé ao fazê-los experimentar os prazeres que ela oferece. Tendo *"matado"* os crentes ela expõe seu sangue como um troféu: *"Então, vi a mulher embriagada com o sangue dos santos e com o sangue das testemunhas de Jesus; e, quando a vi, admirei-me com grande espanto"*. O pecado do crente é para a grande meretriz como droga para os viciados. Ela se embriaga em festa com a queda dos crentes.

O texto diz: *"Uma mulher, montada numa besta escarlate, besta repleta de nomes de blasfêmia, com sete cabeças e dez chifres"*. A grande meretriz é apresentada como uma mulher, porém ela não é uma mulher de carne e osso. Ela simboliza Satanás com sua sedução, assim como é descrita como *"A Cidade"* que oferece todo tipo de prazer aos homens.

A mulher é a grande cidade. Compare estes textos (17.4 e 18.16) *"Dizendo, Ai! Ai da grande cidade, que estava vestida de linho finíssimo, de púrpura e de escarlata, adornada de ouro, de pedras preciosas e de pérolas"*. Os adornos da mulher são exatamente os mesmos da cidade. E para que não fique dúvida de que essa *"mulher"* é a cidade, leia 17.18: *"A mulher que viste é a grande cidade que domina sobre os reis da terra"*.

Para ter sucesso Satanás se apóia nos seus aliados. A grande meretriz surge montada na besta. Para que não fiques com medo da imagem assustadora, conheça as figuras.

Sete cabeças (v. 9,10) As 7 cabeças não são cabeças de verdade. Não se trata de um monstro feio e assustador de sete cabeças. As sete cabeças são uma referência a *"Sete montes"*. Satanás está assentado sobre eles e usa o seu poder para cumprir seus projetos malignos. Roma era e é conhecida como a cidade das sete colinas (sete montes). Roma era a sede do Império Romano e de onde partia as perseguições contra os crentes. Era a fonte do poder e das piores manifestações da perversão humana. A grande meretriz, assim como se apoiava em Roma se apóia hoje nos centros de prazer, pois são lugares procurados pelas pessoas para satisfazerem os seus desejos. As grandes cidades, cheias de suas perversões, continuam sendo como os sete montes onde Satanás se assenta ou se apóia para cumprir seus desígnios.

As sete cabeças são também *"Sete reis"*. Não há mistério na figura. A Grande Meretriz surge montada sobre os Impérios e reis e usa o poder deles para corromper o mundo. Os reis gostam de pompas e fartura, por isso a descrição do luxo com o qual é apresentada a besta.

A questão surge na descrição que segue: *"Sete reis, dos quais caíram cinco, um existe e o outro ainda não chegou e quando chegar, tem de durar pouco"*. Há pouco tempo muitos descreveram a besta sobre a qual a grande meretriz está assentada como se referindo ao Papa de Roma, pois a descrição do texto se encaixa com a sucessão papal. Esquecem-se de que a boa interpretação nos leva a entender Apocalipse no contexto da época e não como um texto futurista. Trata-se dos reis de Roma que usavam seu Império para transtornar a vida dos crentes da época. Falar de Papa quando nenhum ainda havia, não tinha sentido.

A besta (v. 11) *"A besta que era e não é, também é ele, o oitavo rei, e procede dos sete e caminha para a destruição"*. A besta escarlate é o poder dos impérios. Eram imperadores e reis que serviam a Satanás usando os seus poderes. O texto afirma a fabilidade dos reinos humanos. Reis surgiram no passado e caíram. Outros os sucederam, mas também cairiam. Esta mensagem serviu para a Igreja como alento, pois os homens que os maltratavam eram falíveis, mas o Cristo a quem serviam *"Vive pelos séculos dos séculos"*.

Os 10 chifres (v. 12,13) *"São dez reis, os quais ainda não receberam reino, mas recebem autoridade como reis, com a besta, durante uma hora. Têm estes um só pensamento e oferecem à besta o poder e autoridade que possuem".* Há uma hierarquia. O menor serve ao maior. Os grandes Imperadores eram servidos por reis menores que se submetiam a eles e do mesmo modo perseguiam a Igreja como forma de agradá-los e revelavam o mesmo sentimento de aversão ao povo de Deus e o desejo por sua destruição. São pequenos, mas oferecem sua pouca força aos grandes impérios e recebem deles autoridade.

As muitas águas. O verso 15 mostra que a grande meretriz não se assenta apenas sobre reis. Apóia-se também sobre os seus súditos. *"Falou-me ainda: A águas que viste, onde a grande meretriz está assentada são povos, multidões, nações e línguas."* Para cumprir seus intentos malignos a grande meretriz usa a todos os povos. Pessoas são usadas pela grande meretriz como instrumentos para induzir os fiéis ao erro. Os reinos oferecem seu poder e os povos a sua avidez pelo prazer.

Neste capítulo, uma vez descrita a malignidade da grande meretriz e de seus aliados, o texto agora revela algo surpreendentemente maravilhoso: *"Pelejarão eles contra o Cordeiro, e o Cordeiro os vencerá, pois é o Senhor dos senhores e o Reis dos reis; vencerão também os chamados, eleitos e fiéis que se acham com ele".*

Não importa o tamanho do inimigo e muito menos a sua feiúra. A Igreja será sempre vitoriosa com o seu Senhor. O texto deixa clara a razão da vitória da Igreja e de Cristo: *"Ele é o Senhor dos senhores e o Reis dos reis".* Quem anda com vitorioso também se torna vitorioso: "*Vencerão também os chamados, eleitos e fiéis que se acham com ele".* Cristo, através do Apocalipse, revelou à Sua Igreja que não havia motivo algum para temer o inimigo, mesmo porque o que ele poderia fazer de pior era matar o corpo, mas se ele fizesse isso, Cristo, que é o Senhor da vida, lhes ressuscitaria – Ele é o Senhor. Ele e os que andam com Ele são os vitoriosos.

O texto revela que o sucesso da grande meretriz será interrompido. Lembra-te (13.3) que a besta teve uma de suas cabeças golpeada e se regenerou? É o mesmo golpe descrito nesta sessão. Os dez chifres (10 reis) e a besta se rebelarão contra a grande meretriz e a odiarão, veja o texto: *"Os dez chifres que viste e besta, esses odiarão a meretriz e a farão devastada e despojada, e lhe comerão as carnes, e a consumirão no fogo"*. Isso acontece com muitas pessoas que se conscientizam do mal e dos prejuízos que a vida desregrada lhe traz, fica um tempo sem eles, mas retornam à antiga vida. A vida de prazer (a grande meretriz) parece odiada ou golpeada, mas retoma sua força.

Com os crentes acontece o seguinte: *"Todavia, o Senhor é fiel; ele vos confirmará e guardará do maligno. Ora, o Senhor conduza o vosso coração ao amor de Deus e à constância"* (2 Ts 3.3,5). O texto deixa claro que a fidelidade dos crentes é decorrente da ação de Deus em seus corações. Deus nos atrai a Si, nos guarda e nos mantém fiéis.

Com os outros, os que não são crentes, acontece o que provoca a recuperação recorrente da *"Cabeça golpeada"* da besta. Essa recuperação se dá pelo seguinte: *"Porque em seu coração incutiu Deus que realizem o seu pensamento, o executem à uma e dêem à besta o reino que possuem, até que se cumpram as palavras de Deus"*. Seus corações endurecidos são ainda mais endurecidos por Deus. É o que diz 2 Ts 2.10-12 *"... porque não acolheram o amor da verdade para serem salvos. É por este motivo, pois, que Deus lhes manda a operação do erro, para darem crédito à mentira, a fim de serem julgados todos quantos não deram crédito à verdade; antes, pelo contrário, deleitaram-se com a injustiça"*. Estes têm prazer na prática do mal e Deus lhes permite que se aprofundem ainda mais na sua perversidade para que fique ainda mais clara a razão da sua condenação e da manifestação da Sua justiça.

A segunda etapa desta 6ª Sessão trata da queda da grande meretriz. Revela sua queda nesta aclamação do anjo: *"Caiu! Caiu a Grande Babilônia"*. A queda da grande meretriz é a mesma queda de todos os aliados de Satanás. O que acontece aqui é uma descrição da queda de um dos aliados e será descrita a queda dos outros separadamente. Acontecerá apenas uma batalha onde todos os inimigos serão vencidos de uma só vez e lançados juntos para castigo eterno.

O anjo forte, poderoso, cheio de majestade e glórias deve ser identificado como Jesus Cristo. Os anjos não possuem a glória atribuída a este anjo. Já vimos que Jesus foi descrito no cap. 10 como um anjo forte. Não há dúvidas de que esse anjo é Jesus Cristo.

Ele avisa a queda da grande meretriz. Revela que seu castigo será dado em dobro da medida dos males causados por ela. Num só dia ela receberá todos os flagelos que ela mesma impôs sobre o povo de Deus. Deus, que tem todo poder, julgou e a condenou (18.8).

Apresenta também a situação deplorável da grande meretriz depois da queda. Os versos 9 a 19 relatam o lamento daqueles que faziam uso do seu prazer e que ganhavam muito dinheiro com as suas perversidades, luxos e prazeres. Estes ficam de longe, na esperança inútil de que o juízo de Deus, que a destruiu, não os alcance.

Os versos 21 a 24 fazem uma comparação da sua queda com o ato de se jogar uma grande pedra para o fundo do mar. Lá ela nunca mais será vista. Assim será o fim da grande meretriz. Ela nunca mais produzirá os seus prazeres e jamais conseguirá seduzir a Igreja.

Nunca mais terá nela: música (harpistas) a arte (artífices) a luz (jamais em ti brilhará a luz de candeia) os alimentos (moinho será desativado) as festas (não haverá noivos). Esse castigo é por que: *"Nela se achou sangue de profetas, de santos e de todos os que foram mortos sobre a terra".*

Deixei para o final os dois avisos importantes dados pelo anjo aos fiéis:

O 1°: *"Retirai-vos dela, povo meu, para não serdes cúmplices em seus pecados e para não participardes dos seus flagelos"* (18.4). Deus nos salvou e nos purificou com o sangue de Jesus Cristo. Ele já nos trata como justos e vê Sua Igreja como já sendo Igreja gloriosa. Mas a Igreja está no mundo e cercada de tentações. Ela corre o risco de pecar e o pecado praticado a distanciará de Deus e de suas bênçãos e pior, fará com que ela participe dos castigos enviados por Deus contra a impiedade de Satanás e seus seguidores. Se um crente se mistura com os ímpios e pratica os atos abomináveis aos olhos de Deus e faz tudo o que Deus odeia, então é justo que seja tratado como qualquer um dos ímpios. Deus quer nos abençoar e não nos castigar, por isso ele nos deu o aviso: *"Retirai-vos dela, povo meu".*

O 2° aviso: *"Exultai sobre ela, ó céus, e vós, santos, apóstolos e profetas, porque Deus contra ela julgou a vossa causa"* (18.20). Enquanto os ímpios choram pela queda da grande meretriz a Igreja festeja a sua queda. A Igreja perseguida recebeu esta palavra como estímulo no fato de que todos os perseguidores foram julgados e condenados. Não havia mais razão para clamores. Deus se lembrou de todas as ofensas que a Igreja sofreu por ser fiel. Deus se lembrou de cada tortura e morte sofrida por seus fiéis. Agora devem os fiéis exultar, pois a justiça foi feita. Todos que maltrataram a Igreja serão castigados.

A 3ª Etapa é registrada no capítulo 19 – É o júbilo no Céu – Como foi intitulado esse capítulo.

Inicia com o júbilo de uma numerosa multidão. Estes são os 144.000 selados para a salvação. Esses 144.000 são a grande multidão dos redimidos; são as testemunhas fiéis; é a Igreja que lutou bravamente em meio às tribulações, sem desistir da sua fé, e venceu; são os salvos que louvam ao Salvador por ter julgado a grande meretriz e vingado o sangue dos fiéis que ela derramou. Seus castigos serão eternos e a fumaça da sua destruição continuará pelos séculos dos séculos (19.1-3).

Os vinte e quatro anciãos e os seres viventes concordam com a voz da multidão e dizem: *"Amém! Aleluia!"* Todos são convocados à adoração: *"Daí louvores ao nosso Deus, todos os seus servos, os que temais os pequenos e os grandes"* (18.5). Todos devem louvá-lo por Sua salvação e pela manifestação da Sua justiça.

Nesse momento a numerosa multidão de todos os anjos, querubins e de todos os salvos dos quatro cantos da terra se juntam em coro louvando ao Salvador, que como noivo vem buscar Sua noiva. Sua voz é comparada ao barulho de muitas águas e ao som de trovões.

É interessante entender o processo do casamento judeu para entender a que se refere a figura do Noivo e da Noiva.

1º vem o ato de desposar. É uma espécie de noivado, mas com muito mais compromisso do que o nosso noivado. Nesta cerimônia são pronunciados os termos do casamento e as bênçãos de Deus são impetradas sobre a união. A partir daí os noivos já são considerados marido e mulher, porém não há a união de corpos e a noiva se mantém pura para o seu noivo (2 Co 11.2).

2º vem o intervalo entre o desposar e as bodas. Nesse intervalo o noivo paga ao pai da noiva o dote, se não o fizera antes (Gn 34.12) ou paga o dote em forma de serviço, como no caso de Jacó (Gn 29.20).

3º chega o dia das Bodas. Chegado o dia das bodas acontece a procissão. A esposa se prepara e se adorna. O esposo vem em procissão acompanhado de seus amigos, em trajes de festa, cantando até a casa da noiva. Recebe a esposa e a leva em procissão até a sua casa ou à casa de seu pai. Aí acontecem as bodas, que inclui a ceia nupcial. As festividades duram muitos dias.

A Bíblia é rica em textos que comparam o amor dos cônjuges ao amor de Deus por sua Igreja. É o que acontece com Cristo e Sua Igreja. Jesus desposou a sua noiva, a Igreja. Além disto, pagou o dote. O preço foi a Sua própria vida com a qual Ele a comprou na cruz. Veio o intervalo da separação que consiste no período desta dispensação, que aos olhos do noivo são poucos dias. Durante esse período a noiva se adorna ou se enfeita para o seu noivo. Foi lhes dado vestirem-se de *"linho finíssimo, resplandecente e puro"*. Estes adornos são *"Os atos de justiça dos santos"* (19.8b). Note algo importante: Estes atos de justiça não são provindos da Igreja, pois são *"Dados"* por Deus. Essa lembrança é importante para ressaltar que todo o processo da salvação é dependente da Graça de Deus e não da fidelidade e obediência dos homens. Deus é o *"Autor" e o "Consumador"* da salvação dos homens. Os atos de justiça dos fiéis são recebidos por Deus com prazer como adornos da noiva que se preparou para o noivo.

Jesus, o noivo, virá em procissão. Virá nas nuvens com toda a sua glória e acompanhado de milhares de anjos tocando suas trombetas. Ele vem receber a sua noiva para as bodas. Levá-la-á consigo para a casa do Pai e chamará a todos para uma longa festa que durará por toda a eternidade – Pelos séculos dos séculos.

O anjo faz uma exigência a João: *"Escreve: Bem-aventurados aqueles que são chamados à ceia das bodas do Cordeiro. E acrescentou: São estas as verdadeiras palavras de Deus"*. Em toda a Bíblia Deus é louvado por Sua Graça. Estas são as *"Verdadeiras palavras de Deus"*. A disposição humana de colocar a salvação nas mãos dos homens é uma ofensa a Deus.

O texto deixa claro que são bem-aventurados *"aqueles que são chamados à ceia das bodas do Cordeiro"*. Reconhecendo esta realidade o salmista disse: *"Bem-aventurado aquele a quem escolhes e aproximas de ti, para que assista nos teus átrios; ficaremos satisfeitos com a bondade de tua casa – o teu santo templo"* (Sl 65.4).

Ninguém se assentará nessa mesa sem o convite do próprio Deus. Os nomes destes convidados já foram escritos no Livro da Vida do Cordeiro antes da fundação do mundo. Antes que tivessem praticado o bem ou o mal. São os escolhidos de Deus. Estes, somente estes, são os felizes que não somente foram escolhidos, mas chamados, arrastados do mundo, transformados, vivificados e santificados para que pudessem se assentar na mesa e participar desta ceia. Perseveraram em meio às tribulações e não se curvaram diante da besta e de seus agentes do mal porque seus nomes estavam nesta lista, no Livro da Vida do Cordeiro e porque foram selados com o selo de Deus (7.3 / 13.8-10 / 14.12).

João ficou tão emocionado com esta visão que se curvou para adorar ao anjo que falava com ele. O anjo lhe disse: *"Vê, não faças isso; sou conservo teu e de teus irmãos que mantém o testemunho de Jesus; Adora a Deus"*. Isso deixa claro que todo tipo de adoração e culto só podem ser prestados a Deus. Ninguém pode receber o Seu culto. Os anjos são servos de Deus que, o servindo, servem aos convidados da ceia do Cordeiro. A eles não cabe nenhum tipo de adoração. Eles não são capacitados para receber ou responder qualquer oração dirigida a eles. Só Jesus é o intermediário entre Deus e os homens.

O *"Testemunho de Jesus é o espírito da profecia"*. As profecias têm sido banalizadas. Pessoas têm falado coisas absurdas como se estivessem falando da parte de Deus. Profetizar é testemunhar a Cristo e Sua salvação. Todas as vezes que a Palavra de Deus for pregada ali estará sendo proferida a Sua profecia. Foi para isso que o Espírito Santo foi enviado: *"Para lembrar todas as palavras proferidas por Jesus"*. Não foi para criarem novas profecias e adivinhações.

A parte final deste capítulo revela o sofrimento daqueles que fizeram a Igreja sofrer. É o Juízo Final. Um Cavalo Branco surge. No capítulo 6.1,2, assim como neste texto, o cavalo branco se refere a Jesus Cristo. Ele vem julgar. Tem os seus olhos como chama de fogo (juízo) há muitos diademas na sua cabeça (vitórias) e um nome escrito que ninguém conhece, senão ele mesmo.

Para que serve um nome que ninguém conhece? Colocar nome é um ato de superioridade. Reis do Egito e Babilônia mudaram o nome de reis de Judá vencidos por eles para mostrar sua autoridade. Jesus tem um nome dado por Ele a Si mesmo para mostrar que Ele não se submete a ninguém.

Vem vestido de um manto tinto, vermelho de sangue. Esse sangue pode ser o Seu sangue, mas o mais correto é interpretá-lo como sendo o sangue dos ímpios, pois ele vem ferir as nações.

Seu nome é *"Verbo da Deus"*. João já se referiu a Ele no seu Evangelho, nos primeiros versos. Ele é Jesus Cristo, o Filho prometido desde o início da história e vem encerrando a história humana nesta terra. Ele é o que pisou na cabeça da serpente.

Junto dele vem um exército montando cavalos brancos e vestidos de linho branco finíssimo. O branco diz respeito à pureza e santidade destes que vem trazer a ira do Deus Todo-Poderoso. Na Sua justiça Ele pisará os ímpios como se pisa a uva no lagar, para amassá-los. Sua vitória é certa. Por isso Ele chama as aves de rapina para que venham se fartar com as carnes dos corpos dos mortos. Ele não deixa dúvida de que a batalha será vencida por Ele e por seus fiéis.

Do outro lado a besta, os reis da terra e seus exércitos e todos os seus seguidores se congregaram para pelejar contra Cristo e seu exército (16.12). Esta é a mesma batalha descrita nos capítulos anteriores – Batalha do Armagedon. Não haverá várias batalhas entre Cristo e Satanás, mas apenas uma, na qual Cristo os vencerá com apenas uma palavra de Sua boca.

O texto faz a descrição da derrota dos inimigos da Igreja e de Cristo: *"A besta será aprisionada e com ela o falso profeta que, com os seus sinais feitos diante dela, seduziu aqueles que receberam a marca da besta e eram os adoradores da sua imagem. Os dois foram lançados vivos dentro do lago de fogo e enxofre"*. Enquanto Satanás sofre seu juízo no campo espiritual os seus seguidores sofrem o juízo na terra: *"Os restantes foram mortos com a espada que saía da boca daquele que estava montado no cavalo. E todas as aves se fartaram das suas carnes"*. Esse é apenas o passo inicial, pois todos, mesmo os ímpios mortos, ressuscitarão para serem condenados e sofrerem eternamente.

Juízo e graça. Amor e ira. Esse texto revela o cuidado divino sobre a vida dos seus santos e sua mão pesando duramente sobre os ímpios.

Terminamos esta sessão com louvores ao nosso Deus, pois Cristo, o nosso noivo, nos desposou na eternidade, pagou o dote nos comprando na cruz, e virá numa linda procissão com milhares dos seus anjos para nos buscar para juntos nos alegrarmos por toda a eternidade.

Meu irmão, louve a Deus por tão grande bondade e o sirva de todo o coração. Tua fidelidade será o adorno com o qual você se apresentará diante dele. Não brinque com Deus. Seja reverente. Esta 6ª Sessão revelou o duro juízo de Deus contra aqueles que se entregam aos prazeres oferecidos por Satanás. Rejeite-os, pois quem faz uso deles sofrerá sérias consequências e o duro juízo de Deus.

Alegra-te e rejubila-te, pois a tua vitória em Cristo é certa e segura. Nós, que servimos a Cristo, temos todos os motivos para festejarmos. Vivamos nesta vida olhando sempre para o alto, de onde o nosso Salvador, o autor e consumador da nossa fé e da nossa redenção, virá para nos levar consigo.

APOCALIPSE

7ª Sessão – Cap. 20 a 22

Chegamos ao final do estudo do Apocalipse. Cada uma das sessões anteriormente estudadas trouxe seus desafios exegéticos. Nosso objetivo não foi escrever para estudantes de seminários e para teólogos que discutem questões e opiniões doutrinárias. O objetivo destes estudos foi mostrar a mensagem de Jesus para Sua Igreja de hoje.

Nele desejamos mostrar com a maior clareza possível que Apocalipse não é um livro futurista e muito menos incentiva ao ocultismo e ao medo. É o livro da esperança do crente. Ele revela que nosso Senhor Jesus Cristo é o vencedor. Por sermos dEle e estarmos com Ele também somos vencedores. Nossos inimigos, por pior que pareçam, serão todos destruídos por nosso Senhor.

Daremos início ao estudo da última sessão. Ela, como as anteriores, diz respeito a toda esta dispensação, ou seja, da primeira vinda de Jesus, quando encarnado foi fiel, cumpriu sua missão, sofreu na cruz em nosso lugar e nos assegurou a salvação por Sua graça e misericórdia, até o momento final, quando ele vier na Sua glória arrebatar a Igreja, comprada com Seu sangue e destruir todos os Seus inimigos e inimigos de Sua Igreja, assegurando-lhes o tormento eterno.

O cap. 20 inicia revelando quem é que manda na situação: *"Então, vi descer do céu um anjo; tinha na mão a chave do abismo e uma grande corrente"*. O anjo que o texto apresenta é o nosso Senhor. No cap. 22.12, este anjo diz: *"E eis que venho sem demora, e comigo está o galardão que tenho para retribuir a cada um segundo as suas obras"*. Antes de citar qualquer outra coisa o texto reafirma que Jesus Cristo é quem tem na mão a chave, ou seja, é quem tem o controle e pode fechar e abrir, segundo a Sua livre e exclusiva vontade. Ele traz na mão uma corrente. É o dono do cachorro grande que o mantém amarrado.

Então o texto revela a situação atual do inimigo da Igreja. *"Ele segurou o dragão, a antiga serpente, que é o diabo e Satanás, e o prendeu por mil anos; lançou-o no abismo, e fechou-o e pôs selo sobre ele, para que não mais enganasse as nações até se completarem os mil anos".*

Esta parte do texto, em especial, precisa de explicação. Primeiro o texto diz respeito a um período de tempo: 1.000 anos. Este tempo é toda esta dispensação. É o tempo em que estamos vivendo e esperando a Sua volta. Não se trata de um tempo futuro depois de Jesus voltar. Observe: *"Até se completarem os mil anos".* Trata-se de um tempo em curso, de um tempo que já está acontecendo e que terá fim. Enquanto os mil anos não terminar o dragão não será solto.

Já vimos a questão *"tempo"* em outros estudos: 42 meses / 1.260 dias / um tempo, dois tempos e metade de um tempo / três anos e seis meses. Estes tempos se referem à esta dispensação. Ele faz uma analogia aos três anos e seis meses que Elias foi perseguido e testemunhou a existência de Deus contra a idolatria de Israel, assim como a Igreja está fazendo.

Os mil anos são outra analogia a esta dispensação. Pedro cita *"os mil anos"* como sendo um tempo longo para os homens e curto para Deus: *"Há, todavia, uma coisa, amados, que não deveis esquecer: que, para o Senhor, um dia é como mil anos, e mil anos, como um dia"* (2 Pe 3.8). A palavra de Pedro associada à palavra de João nos leva a entender que a referência ao período de tempo de 1.000 associados ao agir de Deus era algo costumeiro. Não se tratava de Mil anos literais, mas sim, apenas uma referência simbólica de um longo tempo aos olhos humanos.

Esse *"milênio"* foi inaugurado com o ministério terreno de Cristo, sua morte, ressurreição e ascensão, quando, então, ele recebeu todo poder e autoridade nos céus e na terra (Mt 28.18). Com seu ministério Ele calou Satanás e o amarrou (Mt 12.29). Prendeu-o de modo que ele não mais pudesse cegar as nações. Com Satanás preso Cristo fez com que Seu evangelho chegasse até os confins da terra.

Ser amarrado e lançado num abismo é um ato simbólico. Revela o controle de Jesus Cristo sobre as ações de Satanás. Revela que a atuação satânica foi restrita. Ele não pode mais fazer o que quiser. No tempo do Antigo Testamento somente Israel possuía a chama da presença de Deus, todos os demais povos estavam nas mãos de Satanás. Atos 14.16 e 2 Coríntios 4.4 revelam que Deus permitiu que Satanás escravizasse os povos no passado e cegasse o entendimento dos incrédulos. Esse tempo acabou. Satanás perdeu o poder de cegar às nações e impedir a sua conversão.

Estamos vivendo o tempo em que Satanás não pode mais cegar as nações. O evangelho tem sido pregado e muitos têm crido. Por mais que ele use os seus agentes do mal para iludir, enganar e seduzir os povos o Espírito de Deus tem agido e feito com que a pregação da Palavra de Deus, pela Igreja, produza vida nos corações mortos e haja salvação. Ele engana, mas o Espírito Santo revela o engano. Sua ação é restrita pelas correntes pelas quais está preso.

O texto diz mais: *"Até se completarem os mil anos. Depois disto, é necessário que ele seja solto pouco tempo"*. Lembra-te das duas testemunhas do capítulo 11 que são mortas, tornam a viver e são arrebatadas? É esse mesmo período. A Igreja terá um tempo de atuação fervorosa e produtiva, os 1.000 anos. Nesse tempo o evangelho se espalhará por toda a terra. Mas, ao se completarem os 1.000 anos Satanás e todos os seus aliados pelejarão contra ela e a vencerá. Esse é o tempo em que Satanás será solto, por pouco tempo. Nesse curto período a Igreja parecerá morta e o mundo festejará ao ver seu cadáver exposto publicamente, mas *"Um espírito de vida, vindo da parte de Deus, nela penetrará e ela se erguerá sobre os pés"* (11.11). A aparente vitória de Satanás se revelará em derrota. A Igreja será arrebatada ao céu e os inimigos sofrerão o juízo. A curta liberdade do dragão chegará ao fim.

O tempo de liberdade do dragão será marcado por intensa atuação demoníaca. Os povos se revoltarão contra tudo o que diz respeito a Deus. Tornar-se-ão inimigos declarados da Igreja e a perseguirão. Do maior ao menor todos se tornarão aliados de Satanás e farão toda a sua vontade. Os que têm a marca da besta lutarão contra os que têm o selo de Deus. A batalha do Armagedon marca o fim da liberdade do dragão, pois depois de juntar todos os poderes e povos da terra para lutar contra Cristo e a Igreja, Jesus Cristo os derrotará com um sopro da Sua boca (2 Ts 2.8), retirará Sua Igreja do meio das tribulações e derramará Sua ira sobre o dragão e todos os seus aliados.

Nesse ínterim João vê algo sereno. Vê as almas dos crentes decapitados por terem sido fiéis a Cristo. Ele não vê corpos, apenas as almas dos crentes. São as almas daqueles que não adoraram a besta, nem receberam sua marca e não adoraram a sua imagem. Preferiram sofrer as tribulações a se juntar aos rebeldes. Aqui na terra e em meia às tribulações eles viveram e reinaram com Cristo durante estes mil anos.

Observe o tempo verbal referindo-se aos atos da Igreja durante os 1.000 anos: "viveram e reinaram". A terminação do verbo diz respeito a algo passado. Se João quisesse se referir a algo futuro ele diria: "viverão e reinarão" com Cristo. João se refere aos crentes que, em vida, após sua conversão, passaram a reinar com Cristo mesmo em meio às tribulações durante os 1.000 nos quais todos nós estamos vivendo e reinando com Cristo, como ele mesmo fazia, pois na sua identificação, no capítulo primeiro, ele se identifica dizendo que é companheiro na tribulação e no "reino".

Que mensagem consoladora. Os crentes que perderam seus amados nas tribulações receberam a mensagem de que eles estavam guardados pelo Pai. Estavam na Sua santa presença. Nada é mais reconfortante do que isto.

O v. 5, diz: *"Os restantes dos mortos não reviveram até que se completassem os mil anos"*. Muitos ímpios morreram antes desta dispensação e morrerão durante ela. Eles continuarão mortos em seus túmulos até que chegue ao final os 1.000 anos, esta dispensação. Até que seja a hora de ressuscitar para prestarem contas ao Juiz (Hb 9.27).

Observe: *"Esta é a primeira ressurreição. Bem-aventurado e santo é aquele que tem parte na primeira ressurreição; sobre esses a segunda morte não tem autoridade; pelo contrário, serão sacerdotes de Deus e de Cristo e reinarão com ele os mil anos"*.

1ª e 2ª ressurreição, a que se referem? A primeira ressurreição é a conversão. O homem sem Cristo está morto em seus delitos e pecados. Não tem entendimento e é incapaz até mesmo de desejar a salvação. Com a ação do Espírito Santo nele o *"morto"* volta à vida, é o que a Bíblia chama de *"regeneração"*. Tendo ouvido a Palavra esta pessoa crê, declara publicamente a sua fé – Ressuscitou e passa a reinar com Cristo durante toda a sua vida.

A 2ª ressurreição diz respeito à segunda vinda de Cristo. As almas de todos os que foram decapitados por terem sido fiéis e todos os demais mortos esperam pela ressurreição. Estes voltarão à vida no último dia. Terão seus corpos de novo. Sua alma e corpo estarão juntos novamente num corpo transformado. Esta será a 2ª ressurreição. Quando Cristo vier nas nuvens todos os crentes mortos ressuscitarão para encontrar-se com o Senhor.

E o que seria a 2ª morte a qual os crentes em Cristo não sofrerão? A primeira morte é a morte física e espiritual. A 2ª morte será o tormento eterno: *"Esta é a segunda morte, o lago de fogo"* (20.14b). Os não convertidos e infiéis sofrerão todos os danos da segunda morte. Seu castigo nunca terá fim, pois serão atormentados pelos séculos dos séculos.

Os convertidos: *"Pelo contrário, serão sacerdotes de Deus e de Cristo e reinarão com ele os mil anos"*. Muitos vêem esta palavra como indicativo de um reino milenar terreno. Figuram em sua mente a imagem de Cristo assentado num trono flutuante, nas nuvens, e os fiéis vivendo no gozo da paz suprema na terra.

1 Pedro 2.9,10, diz: *"Vós porém, sois raça eleita, sacerdócio real, nação santa, povo de propriedade exclusiva de Deus, a fim de proclamardes as virtudes daquele que vos chamou das trevas para a sua maravilhosa luz; vós, sim, que antes não éreis povo, mas, agora, sois povo de Deus, que não tínheis alcançado misericórdia, mas, agora, alcançastes misericórdia"*. Observe atentamente este texto e ele te dará algumas respostas. Ele afirma que nós fomos chamados por Deus para sermos *"Seu povo"*. Fomos feitos *"sacerdotes"* proclamadores das virtudes daquele que nos salvou. Tudo isto faremos aqui, enquanto estamos vivos, com o objetivo de que todos os escolhidos de Deus O encontrem e sejam salvos. Enquanto testemunhamos Sua salvação reinamos e vivemos com Ele.

Entendido esse texto confirmamos o que foi dito no verso quatro, que os irmãos decapitados, enquanto estavam vivos, viveram e reinaram com Cristo. Assim acontece conosco, Sua Igreja, que passamos pela 1ª ressurreição (conversão), estamos vivos e proclamamos Suas virtudes ao mundo. Fazendo assim estaremos vivendo com Ele e reinando com Ele durante estes mil anos, até que Ele retorne.

Os versos 7 a 10 fazem um resumo do que acontecerá com Satanás e seus seguidores, depois de lutar contra a Igreja: *"Quando, porém, se completarem os mil anos, Satanás será solto da sua prisão e sairá a seduzir as nações que há nos quatro cantos da terra, Gogue e*

Magogue, a fim de reuni-las para a peleja. O número desses é como a areia do mar. Marcharam, então, pela superfície da terra e sitiaram o acampamento dos santos e a cidade querida; desceu, porém, fogo do céu e os consumiu. O diabo, o sedutor deles, foi lançado para dentro do lago de fogo e enxofre, onde já se encontram não só a besta como também o falso profeta; e serão atormentados de dia e de noite, pelos séculos dos séculos".

Já comentamos o tempo de soltura de Satanás. Serão dias de trevas e muita luta contra a Igreja. Muitos serão mortos. A tribulação será uma dura realidade na vida dos fiéis. Os seguidores de Jesus Cristo serão duramente combatidos, odiados e maltratados. Não será um tempo fácil de se viver.

Seguindo esta linha de raciocínio veja que os inimigos "*Marcharam e sitiaram*" contra a Igreja. Veja que a descrição é futura relatando algo passado. Essa atuação intensa de Satanás acontecerá contra a Igreja antes do retorno de Cristo, quando ele derrotará os inimigos e arrebatará a Sua Igreja para que, nos céus, reinem juntos pelos séculos dos séculos e não por apenas um período milenar.

Satanás marchará contra a Igreja. Ele sitiará o *"Acampamento dos santos e a cidade querida"* (Estas são duas referências simbólicas à Igreja). Lembra-te que já vimos isto anteriormente, quando o dragão se assenta diante da mulher (a Igreja) para devorar o seu Filho (Jesus) e parte em perseguição contra os seguidores dEle. A grande meretriz foi vista no deserto, que é para onde a Igreja foi levada para lá ser sustentada e protegida por Deus. Satanás cercará a Igreja por todos os lados. Usará violência com os reinos da terra; engano com o falso ensino e a sedução com a grande meretriz. Tentará destruir a fé dos fiéis por todos os modos e não descansará até ser destruído.

O cuidado de Deus é revelado mais uma vez: *"Desceu, porém, fogo do céu e os consumiu"*. Lembra-te que Satanás usou águas contra a

Igreja e a terra abriu sua boca e salvou a Igreja? Aqui Deus usa fogo para protegê-la. Deus tem cuidado dos seus filhos. Nunca nos deixa desamparados. Por pior que sejam os ataques do inimigo todos eles serão frustrados.

O verso 10 retrata o triste e doloroso fim daqueles que se opõem a Cristo e à Sua Igreja. Eles sofrerão os danos da 2ª morte. Serão lançados, ele e os seus seguidores, no lago de fogo e enxofre e *"serão atormentados de dia e de noite, pelos séculos dos séculos"*.

Chegou o Juízo Final. O cap. 20.11-15 tratará sofre esse dia. Os profetas falaram do Dia do Senhor. O mundo foi avisado sobre a sua existência. Muitos preferem negá-lo, mas não importa o quanto neguem, neste dia todos serão subjugados, julgados e condenados.

João vê um *"Grande Trono Branco"*. Nele o Senhor se assenta e ninguém é capaz de suportar Sua presença. O Salvador deixa a sua posição de intercessor e se torna Juiz. Ele deu Sua vida pelos homens e os homens O rejeitaram. São merecedores do castigo que sofrerão. Ele mesmo bateu às portas de muitos corações e eles fecharam a porta diante dele. Não quiseram a salvação, então, receberão a condenação.

João retrata a ressurreição dos mortos. Paulo tratou sobre a ressurreição (1ª Co 15 e 1 Ts 4). Todos os mortos são chamados à vida: ímpios e justos. As almas encontram seus corpos, não importando como ou as circunstâncias de suas mortes e nem mesmo onde foram sepultados. Todos voltam a viver. Os grandes e pequenos, mortos no mar ou na terra, todos estarão lá. Agora, os homens completos, com o corpo e alma, encararão o Juiz. Prestarão contas de todos os seus atos.

Livros são abertos: *"Então, se abriram livros. Ainda outro livro, o Livro da Vida, foi aberto. E os mortos foram julgados, segundo as suas obras, conforme o que se achava escrito nos livros"*. Este texto revela a existência de *"livros"* onde são registrados cada ato praticado pelos homens. Gostaria de ti lembrar que a grande meretriz guarda *"um cálice de ouro transbordante de abominações e com as imundícias da sua prostituição"* (17.4). Satanás é o acusador e ele usará seu registro para tentar fazer com que todos nós sejamos condenados. Se for assim este livro da condenação poderá ser apresentado pelo acusador e não por Deus. O texto diz que livros foram apresentados, mas não diz quem os apresentou.

Este livro com as acusações será aberto e os réus ouvirão o relato de todas as suas obras: *"E os mortos foram julgados, segundo as suas obras, conforme o que se achava escrito nos livros"*. Como ninguém será salvo por boas obras e nossas obras nos condenam, todos seremos condenados. Ninguém terá como se justificar. Todos, justos e ímpios, saberão que merecem os castigos e a condenação vindos da parte de Deus. Teremos de encarar o justo Juiz e ouvir e aceitar o Seu decreto.

Outro livro será aberto – O Livro da Vida. *"Se alguém não foi achado inscrito no Livro da Vida, esse foi lançado para dentro do lago de fogo"*. Na leitura do primeiro livro todos nós seremos condenados: Crente ou não. Merecemos a condenação e não temos como nos defender. Tudo o que fizemos é inútil para salvar-nos. Todos somos pecadores e por eles merecemos a condenação. Somos merecedores da condenação porque o salário do pecado é a morte e pecamos.

Mas meu nome e o teu está escrito no Livro da Vida. Não fui eu e nem foi você quem os inscreveram lá. Foi o próprio Deus, por sua misericórdia e graça. É por isso, e só por isso, que nós não seremos lançados no Lago de Fogo. Deus nos escolheu desde antes da fundação do mundo e escreveu o nome dos seus escolhidos no Livro da Vida. Por estes é que Cristo deu Sua vida e garantiu a entrada nos céus. Durante a vida na terra Deus agiu nos Seus escolhidos. Deu-nos seu Espírito que nos regenerou e nos selou. Vivos, lançamos fora a idolatria e confiança em nós e recebemos a Fé salvadora para nos apossarmos da Sua salvação. Seu agir em nós nos livrou das trevas do mundo e a inscrição no Livro da Vida nos livrou da condenação eterna.

Quando há festa de famosos o nome na lista é o que permite a entrada. Se não tem o nome na lista, não entra. O Livro da Vida é a lista de entrada nos céu. Sem o nome na lista não entra, e pior, quem não tem seu nome nesta lista são impedidos de entrar no céu e ainda sofrerão os danos da 2ª Morte, pois serão lançados no Lago de Fogo. Padecerão por toda a eternidade com o diabo e seus anjos na mais terrível angústia e sofrimentos eternos.

Com estas palavras findam-se os relatos dos castigos dos ímpios. Revelam que ninguém que se rebela contra Deus será bem sucedido e todos os ímpios sofrerão os danos eternos de sua impiedade.

Começa o cap. 21 e o relato é de glória e beleza. Retrata o viver com Cristo. O povo santo é descrito em toda a glória recebida do Seu Salvador. Beleza e paz são vistas neste relato.

É bom lembrar que essa sessão faz parte das quatro sessões finais. Elas retratam o mundo espiritual. É a descrição da visão de Deus das coisas e não do modo como nós percebemos os acontecimentos e vimos as imagens.

O primeiro versículo diz: *"Vi novo céu e nova terra, pois o primeiro céu e a primeira terra passaram, e o mar já não existe"*. Para compreender este texto devemos usar a própria Bíblia. A destruição deste mundo foi avisada em vários textos, vamos citar agora apenas um: *"Virá, entretanto, como ladrão, o Dia do Senhor, no qual os céus passarão com estrepitoso estrondo, e os elementos se desfarão abrasados; também a terra e as obras que nela existem serão atingidas. Visto que todas essas coisas hão de ser assim desfeitas."* (2 Pe 3.10,11). Não há como negar que tudo o que existe será destruído – *"Os elementos se desfarão"* e *"Todas essas coisas hão de ser assim desfeitas"*. Tudo o que está diante dos nossos olhos será destruído. Não restará nada, nem no mar, na terra e nem nos céus.

Porém, haverá *"Novos céus e nova terra"*. Passará a existir um novo lugar. Um lugar cheio de santidade, paz e beleza eternas. Um lugar criado por Deus tão belo como o Paraíso onde Deus colocou Adão e Eva. Será o lugar da nova habitação da Igreja redimida. Onde será? Não importa. Deus dirá sobre esse lugar: É bom! É para lá que iremos.

O verso dois, diz: *"Vi também a cidade santa, a nova Jerusalém, que descia do céu, da parte de Deus, ataviada como noiva, adornada para o seu esposo"*. Uma cidade que desce dos céus...! Esta imagem sempre me passou pela mente. Uma cidade enorme surgindo das nuvens, bela, brilhante e ricamente adornada com ouro e pedras preciosas, com ruas de ouro e cristais, mas será que é isso mesmo que o texto diz? Será que o texto está falando de uma cidade ou de pessoas?

Vejamos o que Apocalipse diz sobre esta cidade: *"Marcharam, então, pela superfície da terra e sitiaram o acampamento dos santos e a cidade querida"* (20.9). *"Estes gentios, por quarenta e dois meses, calcarão aos pés a cidade Santa"* (11.2). *"Vem, mostrar-te-ei a noiva, a esposa do Cordeiro; e me mostrou a santa cidade, Jerusalém, que descia do céu, da parte de Deus..."* (21.9,10). Perceba que a Igreja é aqui descrita como *"Um acampamento de santos"*, *"Cidade querida"* e a *"Santa Cidade"*. E Hebreus 11.10, diz: *"Porque aguardava a cidade que tem fundamentos, da qual Deus é o arquiteto e edificador"*.

A Igreja é a Cidade Santa, a Nova Jerusalém que desce do céu. Ela foi fundada por Deus. Ele é seu arquiteto e edificador. Lembra-te que estamos observando o modo com Deus vê a Igreja. Já vimos, no cap. 12.1, que a Igreja foi descrita, aos olhos de Deus, como *"uma mulher vestida do sol com a lua debaixo dos pés e uma coroa de doze estrelas na cabeça"*. Este é o modo glorioso que Deus vê a Sua Igreja.

Deus vê a Igreja gloriosamente adornada. Ela é a noiva e esposa do cordeiro, Seu Filho. Ele deu Seu Filho para morrer por esta noiva, pela Igreja, e não por uma cidade de ruas de ouro e pedras preciosas. Todos esses ornamentos são os enfeites dados pelo próprio Deus e os atos de justiça da igreja que Lhe é fiel: *"A esposa a si mesma se ataviou, pois lhe foi dado vestir-se de linho finíssimo, resplandecente e puro. Porque o linho finíssimo são os atos de justiça dos santos"* (19.8,9).

O texto diz que essa *"Cidade"* desce do céu porque ela vem da parte de Deus. É Deus quem edifica a Sua Igreja. Os fundamentos da Igreja foram postos por Deus e ninguém os pode mudar. Tudo o que há na Igreja é vindo da parte de Deus. Os pastores são seus ministros e estão em Suas mãos. Os líderes da Igreja são autoridades por terem sido escolhidos por Deus. Os dons e talentos usados na Igreja são dados por Ele. A igreja é o edifício construído pelas mãos de Deus. Essa construção não é algo futuro e nem uma cidade flutuante. É a Igreja atual. O texto apenas revela a beleza que a Igreja tem aos olhos do próprio Deus e a revelação de que a Igreja vem da parte de Deus.

A Igreja é *"O tabernáculo de Deus"*. Deus não habita em templos e construções, mas habita no coração do homem. Nós é que somos templos do Espírito Santo – *"Não sabeis que sois santuário de Deus e que o Espírito de Deus habita em vós?"* (1 Co 3.16). Não ache estranho que uma cidade seja uma referência ilustrada da igreja. Na sessão anterior *"a mulher, a grande meretriz"* é a descrição de uma cidade. Na linguagem figurada isto não é incomum.

A habitação de Deus conosco já é consoladora. Temos já Sua atuação secando nossas lágrimas e nos fazendo entender até mesmo a morte. Essa atuação será ainda mais efetiva quando se cumprir o que Deus disse: *"Eis que faço nova todas as coisas"*. Do mesmo modo que os céus e a terra serão recriados, Deus também fará da Igreja uma Igreja nova, absolutamente fiel e livre de todos os seus sofrimentos, fraquezas e sua inclinação para o mal. Foi isso que ele disse: *"Deus habitará com eles. Eles serão povos de Deus, e Deus mesmo estará com eles. E lhes enxugará dos olhos toda lágrima, e a morte já não existirá, já não haverá luto, nem pranto, nem dor, porque as primeiras coisas passaram"*.

João recebe ordem para escrever estas coisas, pois são *"Fiéis e verdadeiras"*. E ouve que *"Tudo está feito"*. A seguir, depois da descrição de Sua autoridade, ele diz: *"A quem tem sede, darei de graça da fonte da água da vida. O vencedor herdará estas coisas, e eu lhe serei Deus e ele me será filho"*. Depois de descreveu a Igreja gloriosamente adornada vista pelos olhos de Deus, Jesus Cristo observa a Igreja ainda necessitada de cuidados e lhe oferece *"Água da Vida"* e promete recompensas a quem permanecer fiel até o fim – A recompensa prometida é: *"Eu lhe serei Deus e ele me será filho"*. Precisa de algo melhor do que isto?

O verso oito faz menção daqueles que não entrarão nos céus e que também devem ser deixados fora da Igreja na terra: *"Os covardes, incrédulos, abomináveis, assassinos, impuros, feiticeiros, idólatras e todos os mentirosos"*. Completando a lista, citarei 22.15: *"Fora ficam os cães, os feiticeiros, os impuros, os assassinos, os idólatras e todo aquele que ama e pratica a mentira"*.

Esta lista retrata um pouco do comportamento dos corações que não foram transformados por Deus. Estes têm prazer em fazer o que desagrada a Deus e o faz para provocar Sua ira. Deus não os aceitará junto de Si. Ele os deixará de fora. É bom perceber que para Deus não existe pecadinho e pecadão. Mentirosos são tratados do mesmo modo que são tratados os assassinos. Todos ficarão de fora e serão lançados no *"Lago que arde com fogo e enxofre, a saber, a segunda morte"*.

Os versos 9 a 27 retratam a beleza da Igreja aos olhos de Deus. O anjo leva João, em espírito, ao cume de uma montanha e lhe mostra *"a noiva, a esposa do Cordeiro"*. Então lhe mostrou a *"Santa Cidade,*

Jerusalém". Esta cidade, a Igreja, carrega em si *"A Glória de Deus"*. Ela brilha como pedras preciosas. Ela é como um grande espelho através do qual Deus se revela ao mundo.

A Igreja é cercada por uma muralha, que revela a proteção constante de Deus. Não se trata de muros com paredes reais. Os fundamentos desta muralha são os *"Doze apóstolos do Cordeiro"* (v.14). É a Palavra de Deus, inspirada pelo Espírito Santo aos Apóstolos, fazendo-os se lembrar de cada palavra dita por Jesus Cristo no seu ministério terreno, esta é a *"Muralha"* que dá segurança à Igreja. Enquanto estiver protegido pela Palavra de Deus a besta que sobe da terra (o falso ensino) não penetrará na igreja. A grande meretriz não seduzirá os seguidores de Jesus se eles estiverem firmados na Palavra escrita pelos Apóstolos. Todos estarão protegidos por esta *"Muralha"*.

A muralha tem doze portas e em cada um delas um anjo. Já vimos que anjos são sacerdotes e pastores que proclamam as virtudes de Cristo e o evangelho do nosso Salvador. As portas estão abertas para os quatro cantos da terra lançando o convite para entrarem nesta cidade – a Igreja. Sobre as portas os nomes dos patriarcas de Israel revelando que a cidade, a Igreja, é a morada do verdadeiro Israel de Deus.

Estas portas são vistas como 12 pérolas enormes. Se uma pérola minúscula tem um grande valor, muito mais terá uma pérola do tamanho da porta de uma muralha. Isto revela o valor inestimável desta porta aberta e o grande tesouro que é passar por esta porta e fazer parte da Igreja.

A cidade é muito grande. Medem *"doze mil estádios"* e sua muralha *"cento e quarenta e quatro côvados"* (lembra-te que essas medidas são simbólicas). É grande assim para receber a grande multidão que entra por suas portas. Suas paredes são resplandecentes como vidros límpidos e brilhantes como pedras preciosas, revelando o caráter santo da Palavra de Deus, que é a base desta muralha.

Ela não precisa de santuário. Deus habita no meio dela. Não precisa de luz, pois a luz do próprio Deus ilumina a cidade. Jesus Cristo é visto andando no meio da Sua Igreja irradiando Sua luz, pois o *"Cordeiro é a sua lâmpada"*. Essa figura já foi estudada na 1ª sessão.

A Igreja irradiando sua luz encaminha as nações a Ele. Mostra o caminho que devem seguir. É a evangelização da Igreja levando luz e sendo a consciência que o mundo necessita. Suas portas manter-se-ão abertas até o dia do Juízo Final, quando a graça cessará, as portas se fecharão e o Justo Juiz julgará o mundo.

Nesta Igreja, aos olhos de Deus, não deve penetrar *"Coisa alguma contaminada, nem o que pratica abominação e mentira"*. A disciplina tem sido um modo de a Igreja terrena afastar os impenitentes da comunhão.

Nos céu entrarão *"somente os inscritos no Livro da Vida do Cordeiro"*. Quem tem seu nome na lista entra. Quem não tem fica de fora. Lembra-te que a lista foi feita por Deus e os nomes foram escritos nela desde antes da fundação do mundo. Não depende em nada de nós.

A Igreja na terra tem refletido muito pouco do que ela realmente é aos olhos de Deus. Falamos da *"Água da Vida"*, porém muitos ainda permanecem com sede, mesmo dentro das Igrejas. No cap. 22 João vê o *"Rio da água da vida que sai do trono de Deus e do Cordeiro"* jorrando águas em abundância. Estas águas deveriam estar sendo oferecidas ricamente ao mundo, pois estas águas são o Evangelho Santo de nosso Senhor e evangelizar é a única tarefa que recebemos dEle.

Vê também a *"Árvore da vida"* dando seus frutos permanentemente e suas folhas sendo oferecidas para a cura dos povos. A *"Árvore da Vida"* é o *"Madeiro da Vida"*. Jesus foi levantado no madeiro, se fez maldito em nosso lugar e através da cruz nós temos vida. Jesus é a Árvore da Vida. Temos de nos alimentar dele. Ele mesmo disse: *"Se não comerdes a minha carne e não beberdes o meu sangue, não tens vida em vós mesmos"*. (João 6.53)

Ela produz *"Doze frutos"*. Os apóstolos foram chamados em número de doze. Eles são o fundamento da Igreja. Através da pregação deles outros frutos têm surgido durante esta dispensação. Os frutos da obra de Cristo somos nós e devemos alimentar a Sua Igreja e produzir novos frutos, todos eles com sua base na Palavra do Senhor, na Árvore da Vida, pois tudo o que temos e somos é *"Em Cristo"*.

Suas folhas são para a cura das nações. O Evangelho sendo pregado corretamente cura as mais terríveis doenças da alma. A Igreja é a agência terrena de Deus para a cura das nações. A Palavra pregada é a muralha que protege as nações do engano e lhes revela o Salvador.

Em decorrência da obra de Cristo não pesa mais nenhuma maldição sobre a Igreja. Ele quebrou todas elas na cruz. Na Igreja Cristo reina e seus servos o servem com o coração grato. Entregam-se à sua vontade e não vivem mais para si. Pelo menos é assim que é a Igreja aos olhos de Deus.

A Igreja refletindo a luz de Cristo anda pelo mundo levando o nome do Seu Senhor – *"Na sua fronte"*. No céu, quando tudo se fizer novo, esta mesma Igreja verá o rosto do Senhor, face a face. O veremos como somos vistos por ele. Ele brilhará sobre nós e reinaremos com ele pelos séculos dos séculos. Esse reino não será um reino milenar terreno. Agora, trata-se do período em que a Igreja será recebida na glória para estar com Cristo pelos séculos dos séculos, ou seja, para sempre.

Jesus deixa claro à Sua Igreja: *"Eis que venho sem demora. Bem-aventurado aquele que guarda as palavras da profecia deste livro"*. Estas são palavras fiéis e verdadeiras que devem ser repetidas pela Igreja e devem ser a fonte de toda a nossa esperança.

O texto diz que João se prostra diante do anjo para adorá-lo e é repreendido por ele. Não é que João repete o que fizera antes. Trata-se da repetição do relato da mesma sena. Somente Deus pode ser adorado.

Os anjos são servos de Deus e servem ao Seu povo, aqueles que guardam as palavras deste livro. A lição é: *"Adora a Deus"*.

Enquanto esperamos a Sua vinda veremos muitas coisas boas e más, pois *"continue o injusto fazendo injustiça, continue o imundo ainda sendo imundo; o justo continue na prática da justiça, e o santo continue a santificar-se"*. Quem é de Deus busca parecer cada vez mais com Cristo. Os discípulos de Satanás caminharão ainda mais para a lama do mundo revelando quem é o seu verdadeiro pai. Tornar-se-ão cada vez piores em suas obras e cada vez mais obstinados nos seus atos de perversidade.

Quem lava suas vestes no sangue do Cordeiro enquanto vive neste mundo são os bem-aventurados. Estes terão direito à árvore da vida e entrarão pelas portas do céu. Ao contrário destes, muitos ficarão de fora. Seu comportamento maligno os denunciou. São filhos de Satanás e o servem com prazer e por isso serão barrados na entrada do céu.

Diante de tão maravilhosa palavra e guiada pelo Espírito de Deus, a noiva, Sua Igreja, diz: *"Vem!"* Seu maior desejo é encontrar-se com o seu noivo. Seu prazer é ser dEle e Ele será dela. Para esta noiva há abundância de vida: *"Aquele que tem sede venha, e quem quiser receba de graça a água da vida"*.

O Apocalipse tem de ser aceito como ele é. Mesmo que algumas interpretações sejam diferentes do que imaginávamos, devemos aceitá-las sem mudar o seu sentido original, pois *"Se alguém lhes fizer qualquer acréscimo, Deus lhe acrescentará os flagelos escritos neste livro; e, se alguém tirar qualquer coisa das palavras do livro desta profecia, Deus tirará a sua parte da árvore da vida, da cidade santa e das coisas que se acham escritas neste livro"*.

Jesus disse: *"Certamente, venho sem demora. Amém! Vem Senhor Jesus!"* Que venha o nosso Senhor e que Sua Igreja esteja preparada para o encontro com Ele.

A última Palavra da Bíblia traz a síntese do seu conteúdo: *"A graça do Senhor Jesus seja com todos"*. Sem a Sua graça nenhum homem teria acesso ao céu. Louve a Deus por Sua graça. É por ela que você e eu seremos salvos.

Findado estes estudos espero em Deus ter sido fiel, sem ter tirado ou acrescentado nada à Palavra. Espero também ter sido instrumento de Deus para fazer Sua Palavra ser compreendida pela Igreja.

Para fazer esses estudos me recusei ler livros de autores conhecidos, pois desejei dar a Igreja o alimento que Deus me deu. O único livro que consultei nalgumas questões foi *"Mais que vendedores"* de William Hendriksen, um excelente livro.

Dou graça a Deus, pois para cumprir a tarefa de ensinar sobre o Livro do Apocalipse acabei aprendendo muito e recebendo de Deus a revelação de coisas que nunca havia imaginado. Tudo o que escrevi aqui não veio de nenhuma habilidade ou conhecimento pessoal. Veio de Deus e eu os recebi com o coração grato e retransmiti nestes estudos com temor e tremor.

Glórias sejam dadas somente a Deus.

Printed by Books on Demand GmbH, Norderstedt / Germany